アセンションビューティー

20代でなく60代で初めてナンパされる理由

吉田一敏

Kazutoshi Yoshida

青林堂

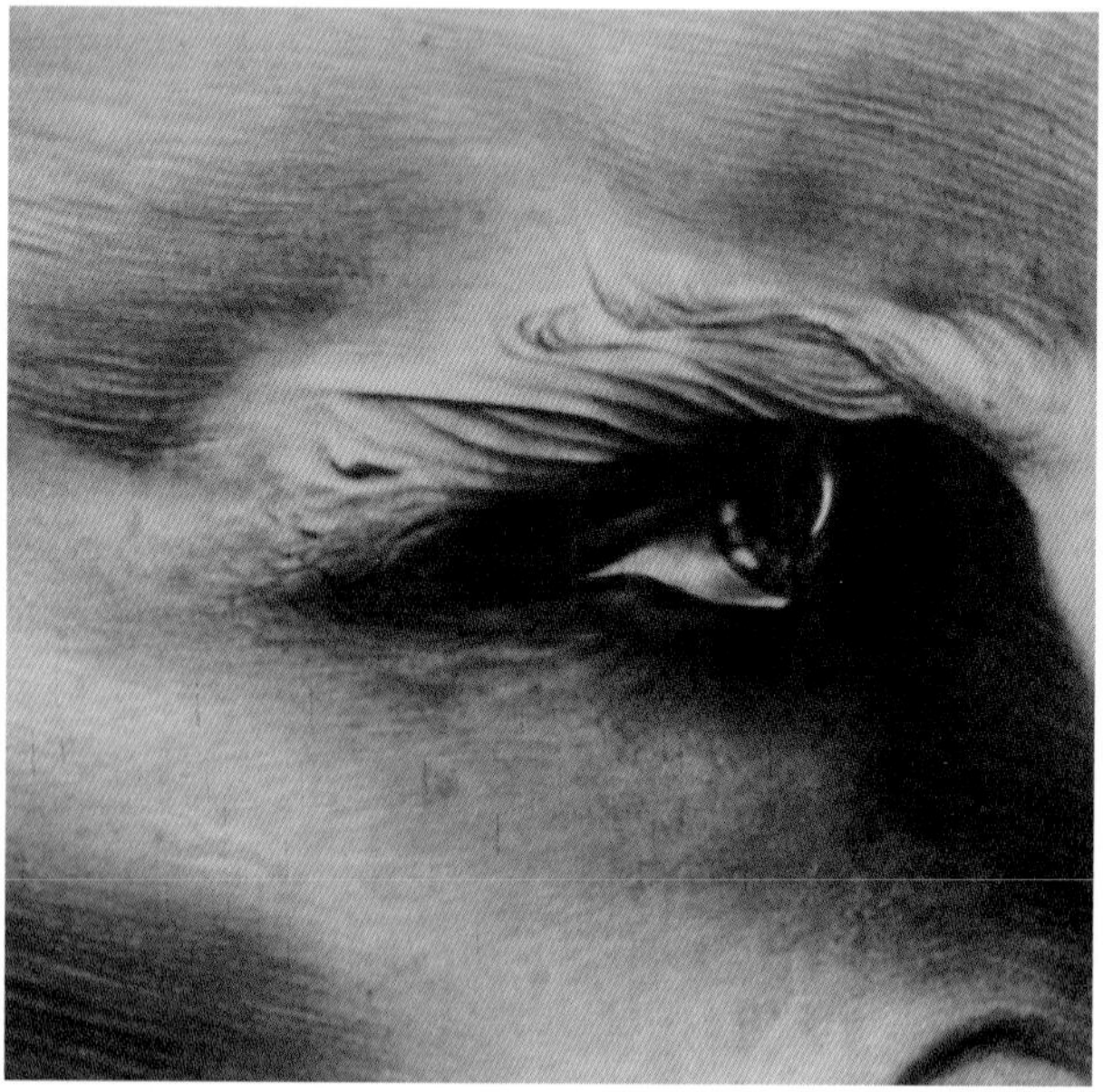

【美を観る目】

著者 20 歳の鉛筆画

前書き

美しくなければ、人生ではない！

などと言って良いんでしょうか？　今のあなたは美しいですか？

これ以上美しくなりたいのは、なぜでしょう？　モテるため？　それなら、モテるとどんな良いことがあるのですか？　そして最後に、それは本当に必要なのでしょうか？

誰が見ても、美しいほうが、そうでないより良いですよね？　では、美しいとはどういうことでしょう？

「美しいと次元上昇する！」と聞いたことはありますか？

無いでしょう。ここで初めて言うのですから。アセンションという宇宙的な次元上昇も可能です。もし、美しくなりながら、アセンション出来るとしたらお得ですよね？

むしろ、美しくなければ、アセンションしないのです。それには外見の美？　それとも内面の美？

どちらでも足りません。そして、どちらも必要ありません。**今のあなたのままで大丈夫です！**　ただ、ちょっとだけ、視点を変えましょう！　少しだけ視野を広げ、宇宙大のスケールで見始めるのです。

美しさを追求すれば、やがて、愛と自由とエクスタシーと、おとぎの国に至ります。解放と無限の軽さを身にまといながら。では美しく、宇宙にナンパされ始めましょう！

目次

ナンパされる理由

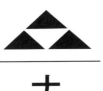

美しくなければ、人生ではない！
あなたは、すでに美しい！

ナンパされる理由

六〇歳になって初めてナンパされた人がいます。

私が主宰する吉田統合研究所の会員さんからの報告。六〇歳前は、一度もナンパされたことがありません。なぜ、六〇代になってナンパされたのでしょうか？

新宿でマスクをして歩いている時、三〇歳くらいの男性に声をかけられました。キャッチセールスか？　と思ったそうですが、あまりにも押しが弱いのでナンパだと判明。もう一人は、ホームセンターで二〇代後半の青年から。「あなた、私の年齢知ってるの？」と思わず聞いてしまった。六一歳だったのです。さて、この二人の共通点は何でしょうか？

周波数共鳴テクノロジーを使っていました。**特定の周波数を、体に毎日当てていた**

のです。周波数には名前がありました。「愛」と「個人的魅力」。六四歳で、逗子《ずし》海岸でナンパされた女性もいますが、同様の周波数を使い、ナンパ元は二七歳ほどの青年で、本人の息子より若かったのです。

研究所の会員の間でナンパが多過ぎるため、クレームが来ました。「六〇歳以上がナンパされている。私は二八歳でピチピチしているのに、なぜされないのか？」という鋭い（笑）質問でした。しかし、結局その娘もプロポーズされました。ナンパを通り越して、プロポーズを。初対面の男性からだったそうです。

誰しも、その心身から波動が放たれています。この宇宙で存在するものすべてが周波数を出しています。その一人に、宇宙的に見て非常に高い周波数を当てました。すると、**彼らのオーラ、エーテル体の周波数が共振共鳴（リゾネート）し、同波長になったのです**。「個人的魅力」という名の周波数は、自分のありのままをそのまま受け入れる周波数。言い換えれば、宇宙そのもの、生きること自体を受け入れる、または愛する意識。この振動になるとモテる、ということでしょうか？

ありのままで完璧

そうです！　自分が嫌いな人は、モテません。若くて美人でも。一方、ありのままの自分を受け入れているとモテます。なぜ？

オーラが大きくなるから。本当は、さらに深い理由がありますが、それは後述します。

もちろん、ナンパされること自体は現象の一部であり、魅力があってもナンパされない場合もたくさんありますから、気にしないでください。

なぜ六〇代になってから？

もっと若くて綺麗《きれい》だった頃は（失礼！）幸せでしたか？

イエスという答えは、ほとんど聞いたことがありません。けっこうつらかったのです、若い頃は。「青春時代の真ん中は、胸にとげ刺すことばかり！」などと言う人もいますね。では、なぜ六〇代を越えてモテるようになったのか？

簡単です。**いったん失ったものを取り戻したから**。元々あり、その後失い、そして取り戻した時、至福を感じるのです。幸せの定義自体がそうなのです。研究所のテクノロジーがそういうものだから、分かりやすかっただけ。元々あったものを取り戻した時の華やぎ、至福、喜びがオーラの輝きとなり、周囲を磁石のように引き寄せたのです。だから、**魅力は、年齢にも境遇にも、スリーサイズにも関係がありません**。そして顔にも！　写真を見る時、最初に何を見ますか？　自分ですよね？　では、次は？

上機嫌は美しい！

笑顔です！　その後、美人とかに行きますがね。笑顔のほうが魅力が高いのです。すなわち、高い周波数の中でも、上機嫌さが魅力を生み出します。この言葉を知っていますか？

「ハイスピリットは上機嫌」。そう、高級心霊は上機嫌なのです。熟語でも in high spirit は、上機嫌と訳します。年を取ると、普通にしていても口元が下がるから、怒っているように見えがち。だから、なおさら笑っていたほうが良いのです。何なら、一日中笑っていてください。大変ですか？　もし、上機嫌なら努力無しで出来ますよ。

八四歳のお父さんを持つ女性が、研究所のヒーリングウェーブ周波数発信機で、愛の周波数を使っています。最近お父さんは、初恋の女性と再会しました。そして彼は今、同棲しているそうです！　娘さんしか使っていないのに、なぜでしょうか？そう、周波数は拡散するから。お父さんにも影響したのです。現在、八〇、九〇代のシルバー施設でも恋愛は花盛りだそうですね。華やぎ、ロマン、愛はどうやってもたらされるのでしょうか？　**オーラの拡大、意識の華やぎ、生命力の旺盛さ、生命の魅力拡大が原因なのです。**

メアリー

美女って本当に幸せ?

歴史上には有名な美女がいますよね? クレオパトラ、楊貴妃《ようきひ》、メアリー・スチュワートetc。でも、皆幸せだったんでしょうか?

ぜんぜん逆ですよね。例えば、歴史家に最も人気がある女性はエリザベス一世ですが、メアリー・スチュアートは、芸術家に最も愛された女王です。劇的な人生。スコットランド、フランス女王を歴任しながら、エリザベス一世と敵対して幽閉され、何度も脱獄を繰り返しつつ、最後はエリザベスの手で斬首されています。エリザベスより美人だったという説もありますが、決して幸せな生涯とは言えません。メアリーを始め、前記の誰も幸せな死に方をしていません。美人であることが幸せに結び付いていますか？　むしろ、その美貌が無ければなかった悲劇とすら言えないでしょうか？　しかし、次の疑問は、幸せが一番必要なのか？　もし、彼らが皆幸せに天寿を全うしていたら、歴史にその名が残っていたのか？　と言えば、分からないのです。多くの書物や映画の題材になることも無かったでしょう。彼らの魅力につながっていたのは確かです。では、歴史に名を残せば、不幸でも良いのでしょうか？　あなたは、美女であることと、幸せを選ぶならどちらですか？　いったい、**美とはどんな意味を持つのでしょうか？　そして、本当の美とは何なのでしょう？**

ミスユニバースを超えるただのネーちゃん

私の大学時代、クラスに絶世の美女がいました。顔のみならずスタイルも八頭身、九頭身くらいで、ミスユニバースに出したいと言われるレベルでした。ところが、モテないのです。なぜか、暗い影がありました。

一方、同じクラスに、どこと言って取り柄が無いどころか、確実に取り柄が無い女子がいました。スリーサイズの違いも、ほぼ無かったと思います。ところが、男たちが離れません。ランチにはいつも複数の男性が付いて回っていました。この対照的な二人。モテるモテない、というこの違いを生むものは何なのか？　大学時代の幼い私には分からなかったのです。その理由は、何だと思いますか？

ユニバースのほうは、自分がなぜか嫌いだったのです。性格か、育ちか、理由は分かりませんが。一方、スリーサイズレスのほうは？

自分が好きだったのです。「ありのままで完璧」という風情の周波数を身にまとっていました。この**「ありのままで完璧」を身に付けた人は、一生幸せです。一方、その反対の人は、どんなに美貌で頭が良く若くてセレブでも、全く幸せにはなれません。**

美、若さ、悟りの元
オージャスが出る人は？

・自分が好き
・直感が冴えている
・年を取り難い

・70 歳を越えてもチャーミング
・好きな人から愛される
・悟りが近い

オージャスを出して幸せになる

「ありのままで完璧」とは、どんな意識でしょうか？

実は、**この宇宙を創ったプルシャという純粋意識の性質なのです。その純粋意識が姿を変えた物質を知っていますか？**

オージャスと言います。オージャスは、すべての人間の体内で生産されます。ATP（アデノシン三リン酸）に近いですね。オージャスが多いと良いことが起きます。例えば上の図を見てください。

良いことばかりですよね？　もしオージャスが売っていたら、買いますか？　すいませんが、売ってません。自分の体から出さねばダメです。ではオージャスの匂いは?

炊き立てのご飯の香り。甘ーい香りがするはずです、オージャスが多い人は。オージャスはどうやったら出るのでしょうか? これを説くのがアーユルヴェーダです。

宇宙アーユルヴェーダは美を創る

◯宇宙発祥アーユルヴェーダ

吉田統合研究所は、長年アーユルヴェーダ市民大学を主宰してきました。本場スリランカに二つしか無い国立大学、コロンボとケラニア大学から上級教授四名を招へいしました。これ以上はない世界的権威です。アーユルヴェーダとは、宇宙の叡智という意味で、アーユルは、宇宙以前からある生命。ヴェーダは体系化された叡智。五〇〇〇年前のチベットで出来たと言います。が、研究所へ来た情報では、リラという天体で創られました。五角形のヒューマノイドという人間体を最初に創ったのはリラ。その時、肉体に霊体がうまく入らなかった。それをスッポリはめるための叡智がアーユルヴェーダなのです。うまく入ると覚醒します。現在は、まだ入っていません。

さて、以下はアーユルヴェーダの説明ですが、この叡智が理解出来ると、自分の心身っていったい何なのか？　自分って本当は誰なのか？　という根本疑問が解決されます。

◯あなたの美醜を決める三つのエネルギー

すべての人体は、五大元素で出来ています。実は、五大元素と五感覚は同時に出来ました。だから両方五。**五大元素の組み合わせで、今から言う三つのエネルギーが存在しています。そして、その組み合わせ比率により、無限のバラエティーに富んだ人間が生まれてきます。**あなたも、その中の一人なのです。

ヴァータ：**風**（動き）のエネルギーが強く、次に空（空間）のエネルギーが強い

ピッタ：**火**（化学変化を起こす触媒、酵素系）のエネルギーが強く、次が水（形を作るもの）

カパ：**水**のエネルギーが強く、次が土（固形物をつくる）

あなたは、この三つをすべて持っています。どれが一番強いかで、大まかな性格が

決まり、二番目が何か？　で、より微妙な性質が決まります。

もし病気になるとしたら、自分の一番多いエネルギーが増大し過ぎた場合のみ。反対に、健康になるには、一番大きなエネルギーを増やさず、逆に少ないエネルギーを増やしてバランスを取れば良いのです。オージャスの出し方と早死の仕方は、次の三エネルギーの説明後に出てきます。以下は、各性格の典型例です。モデルですから、全くそのままの人は存在しませんが、自分はどれが一番強いか？　チェックしてください。

ヴァータ：

風のように、いつも動き過ぎて太れず、血管が浮き出ている。風のエネルギーとは、この宇宙全般における動きの性質。電子的なものが中心。脳神経や中枢神経、末梢神経も司る。「風」と呼ばれるように、一定しない**「不規則さ」**がその本質。風のように俊敏。しょっちゅう関心が変わる好奇心の旺盛さ。とっ付きが早く、すぐに物事を始めるが、長続きはしない。読みかけの本が枕元に四、五冊くらいある。集中して即

あなたのバランスは

宇宙唯一

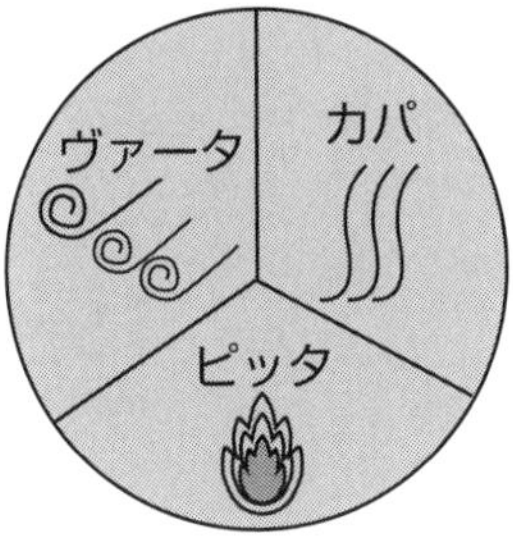

※三つのバランスが各自違う

※一番多い気質があなたを左右

行動が始まるが、過剰集中に気付かず、やり過ぎて倒れることも。風なので冷え性。寒い所にいると体調を崩す。便秘がち。風なので、乾燥しやすく、リンクルケアが必要になりやすい。特に冬場と晩年。思ったことを即口にするため、おしゃべりとか、人の話に割って入ると思われたりする。好奇心旺盛で、色々なことを知っており、面白い。風のように繊細なので、アンテナのような感性があり、そのぶん人の気はそらさないから明るく見える。逆に、ちょっとしたことが気になりやすく、不安心配が弱点。

ピッタ：

ハート形かひし形の顔であごが尖りがち。**「激しさ」**がその性質。ピッタとは、この宇宙では錬金術師。AとBを合わせてCにするような、劇的な変化を起こす触媒、酵素的な性質。その結果、適切な結果を求める傾向のため、バランスと正しさを重視する。何かをピッタの人に頼むと、細かい指示をしなくとも、すべて自主的に考えて、理想的な結果となるよう取り計らう。結果や成果が重要なタイプなので、カッコ悪い、ダサいなどは嫌い。ナチュラルメークは好まず、はっきりして輝いた美を求める。火なので光ったものが好き。より良きものにチャレンジする性質なので、集中力が高い。したがって集中している時に邪魔されるのが嫌い。正当なもの、良いものを作るには、原理を知る必要があるため、物事の本質を見抜こうとする。その傾向から知性が優れるが、知性が劣った人を下目に見る弱点がある。正しいか間違っているか？　にこだわるので、議論や喧嘩《けんか》をしやすい。勝ち負けにもこだわる。便秘をせず、下痢をしがち。正義にこだわるので、悪いことは出来ず、お人好し。弱点は、正しさを掲げてしまうため喧嘩になりやすいこと。カリカリきやすいので、まずいと思ったら、甘いもの（例えば、メロンやスイカジュース）を摂ること。すぐに収まる。何かを達成することが自己承認になるタイプだが、達成するケースは実際まれだから、意外と自己評価が低い。

カパ：

グラマーで骨太が多く、二重まぶた、たらこ唇、広い額で髪は太くて多い。便秘しがちで水だから冷え性。この宇宙で水とは、形を作るもの。すべての物質は水で出来ている。したがって、カパは形を維持しようとする傾向があり、その結果、変化を好まず、同じ状態を続けようとする。変化しないということは、ため込む性質だから、ポイントも金もため、家に行くとゴミまでたまっている人もいる。人間関係は長続きするが、新しい人は増えにくい。現状維持のため、喧嘩は嫌いで、言い争いになっても自分が引いてしまうため、二年ぐらいためると鬱《うつ》になったりする。基本的に体が強く、病気になりにくいが、いったんなると治りにくい。性格は、**「安らぎ」**であり、体型も性質も癒し系。情が深いが、行き過ぎると執着になる。「私が紹介したんだから、私を通してください！」などと言う。弱点は、言いたいことを言わないため、抑圧してしまい欝になりやすいのと、相手に真意が伝わらず、コミュニケーションが進みにくいこと。

モテる理由と、モテない理由

ヴァータ：

好奇心が旺盛で楽しく明るく面白いことが好きなので、一緒にいれば楽しくて刺激的。引き出しが多く、面白い。モテる要因はそこ。若い頃にモテやすい。新しいことに即着手するので、変化を起こしやすく、新鮮さがある。

弱点は、しょっちゅう気が変わるため、一貫性が無い人と思われること。社会生活では、信頼感が減るので注意。ヴァータの性質が過剰になった時、コミュニケーションが粗雑でトゲトゲしくなり、人の言うことを聞かなかったりする「受容の欠如」。その場合は、ガサツな印象を与えて、幻滅されることがある。不安心配など気分が揺

あなたのウリと注意点

	ヴァータ	ピッタ	カパ
ウリ	・好奇心旺盛で面白い ・人の気を外さず明るい ・フットワークが軽い	・知性的 ・頼り甲斐《がい》がある ・手際がいい	・癒し系 ・エレガント ・しっとり ・バッチリ ・グラマー
注意点	・不安心配しない ・荒々しくならない ・一貫性を持て！	・議論しない ・勝ち負けにこだわらない ・正しさにこだわるな！	・ハッキリ口に出せ ・柔軟に！ ・一歩踏み出せ！

れやすく安定感を欠く時は不安を与えるので、そういう時のコミュニケーションには気を付けること。

ピッタ：

ものの本質に関心があり、知性的なので尊重されやすい。先の先や全体を見るバランスの良さで、信頼されるし、間違ったことが出来ないため、誠意を買われやすい。何にでも完全性や成果を重視するので、カッコ良かったり、華々しいなど、調子が良い時はスター性があり輝いている。

物事の本質を求めるが、それが裏目に出ると、正論を主張するあまり、激し過ぎる言行を取り、付いていけないな！　という感じで敬遠される。議論も好きで、しかも理論的だから、相手はプレッシャーを感じて逃げてしまう。声も高くなりがちで、顔も赤らむし、けっこう正論なので、相手はビビりがち。それでさわらぬ神にたたりなし、となる。適切なアドバイスやバランス感覚は好かれ、逆に、正論をかざした行き過ぎたお節介などは、うざったいと思われる。相手のちょっとした落ち度を指摘したりして傷付け、嫌がられないように。話は当を得ているが、完全主義で理論的なので、Bを聞いてもAから説明するため、話が長くなる点も注意。

カパ：

目がパッチリし、色白でしっとり肌、そして低い声でエレガントなので、異性には有利である。中年からモテる。若い頃は、ヴァータのように好奇心旺盛で、刺激的、色々知っているほうがデートに誘って面白いが、中年ともなると、皆くたびれ切っている。すると、ただ横にいてほしい、というタイプが好まれ、身も心も癒し系のカパに脚光が当たる。ヴァータは、始終話している。ピッタは、適切に効果的に話す。そしてカパは、一生話さなくても済む。これほど性格が違うので、カパの人は特にヴァータといると、ほとんど話せなく、ヴァータ同士の会話には、全く付いていけないかもしれない。カパは「安らぎ」なので、何をしなくてもそのままで安心してしまっている。それが裏目に出ると、反応が無い、何を考えているのか分からない、という印象になる。特にパートナーと別れる理由に、愛情表現が無いという場合が多い。愛していると思ったら、すかさず表現しないと相手には伝わらない。また、言いたいことを控えてばかりだと、深い理解をお互いにしないまま、心が離れてしまうことがあるので、控えないで一歩踏み出すと良い。人に伝えることに情熱があまり無いせいか、話に抑揚が無く長くなりやすい。伝える意欲を強く持ち、ポイントを捉えて話そう！

◯オージャスには出し方がある　【オージャス⇔アーマ理論】

純粋意識の物質化＝オージャスをどうやって出すか？　は、どうやったら病気にならないか？　と同義。結論から言えば、**自分の最も旺盛なエネルギー、ヴァータ、ピッタ、カパのいずれかが行き過ぎないようにバランスをとること**。逆に、アンバランスだとどうなるのでしょうか？

アーマという毒が出るのです。ほぼすべての病気のベースとなり、老化とガンもアーマの結果。オージャスとアーマは、反対概念なのです。

ポイントは、代謝。代謝と消化はほぼ同義。食べた物を消化（代謝）して、肉体の各要素に変換することが代謝ですが、それは火の作用です。アーユルヴェーダではアグニと言います。agni ＝ igni で、イグニッションの語源、サンスクリット語で火なのです。この宇宙は、火によって変化、再生を繰り返すのです。ヨーロッパの修道院五〇〇か所などに書き記された有名なフレーズに「ＩＮＲＩ」があります。稲荷の語源だという説もありますが、それはいったん置き、何という意味かご存じですか？

ナザレのイエス。一般にはそう言われていますが、実は錬金術師たちの符丁になっている可能性があります。真の意味は、「火をもって、すべての自然は再生する」。

Ｉ＝igni ＝火　Ｎ＝nature＝自然　Ｒ＝resurrection＝再生、復活　Ｉ＝integra＝

すべて　この火＝アグニが、すべての代謝＝消化を行っています。最重要なアグニのうち、簡単に七つを説明しましょう。

まず、口から入れた食べ物は、胃の中で出るアグニ（ジャタラアグニ＝塩酸）で消化され、プラズマ（乳び）に変わります。小腸ではプラズマは、次のアグニにより血に変わります。血は、次のアグニにより筋肉に。筋肉は、次のアグニで脂肪に、脂肪は、次のアグニで骨になります。さて、アグニが不調でうまく働かないとどうなるでしょうか？

アーマという毒になるのです。未消化毒＝アーマです。アーマはここだけでなく、アグニ（火＝酵素）が働くすべての段階で出る可能性があります。例えば、脂肪→骨がうまくいかない場合は、脂肪が減らずにメタボになると同時に、骨がスカスカで骨粗しょう症になります。原因は、アグニの不調。さて、続けましょう。

骨に、次のアグニが作用します。すると、骨髄になります。次のアグニでは卵子と精子が出来ます。そして最後のアグニは、それを何に変えると思いますか？

オージャスなのです。オージャスは、「純粋意識の物質化」ですが、それはこんな

光と闇の

オージャス↔アーマ理論

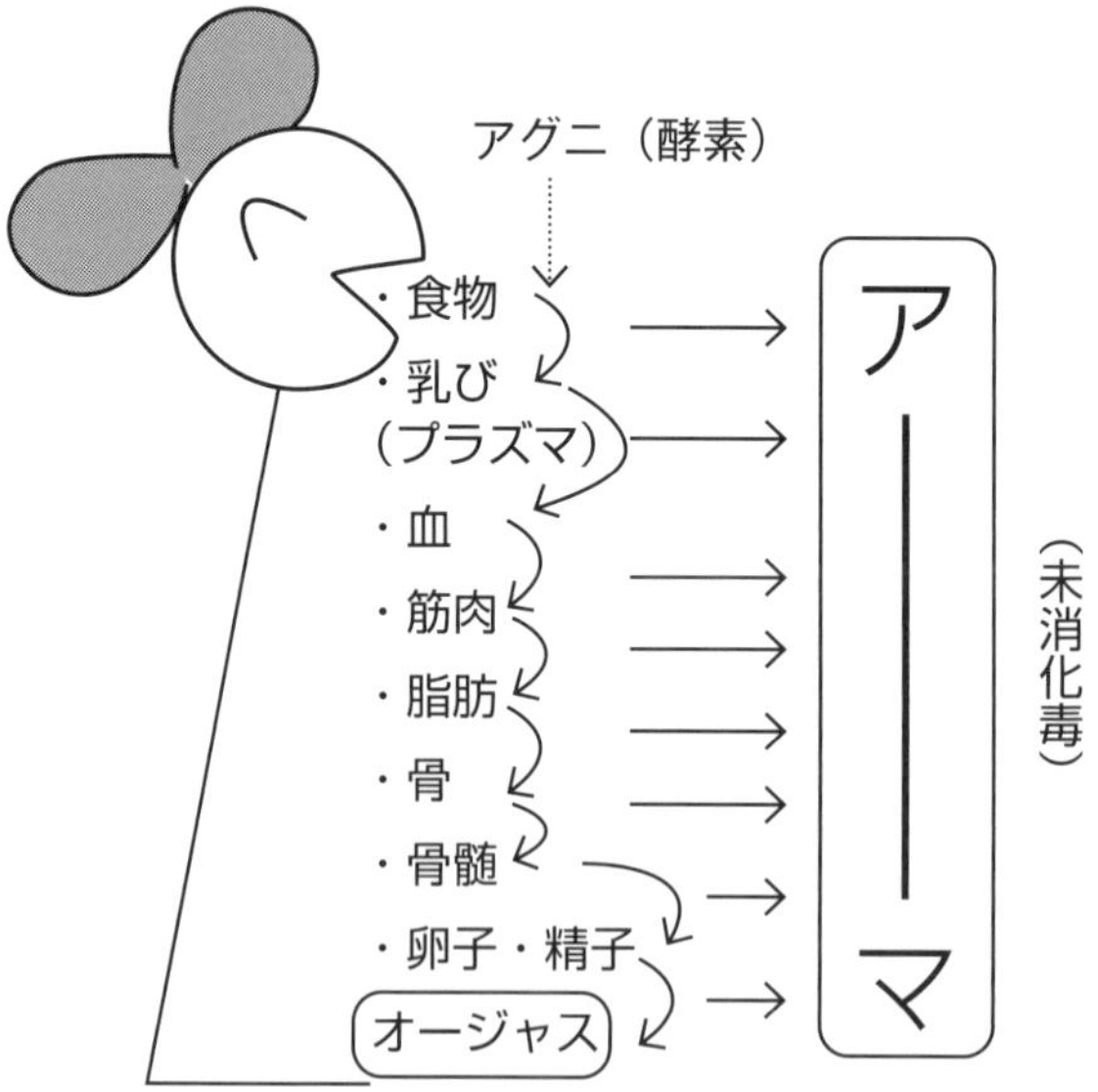

にも、長く狭き門を通り越して熟成される食物のエッセンスにして、宇宙意識の物質化なのでした。さて、気になるのは、アーマのその後ですね。アーマはどうなるのでしょうか？

管に入ってゆくのです。管とは？　血管やリンパ管を中心とした管。人体は、スロータスと呼ばれる無数の管で成り立っています。一人の血管だけで、地球のおよそ二周半もあるのです。その**あらゆる管＝スロータスに、アーマが詰まってゆきます。こ**

のアーマ＝未消化毒は、スロータスを閉塞し、流れを止めたり、迂回《うかい》させたり、結果破ったりします。このアーマこそが、ほぼすべての症状の原因であり、体内にアーマがたまっていない人は、感染される可能性もありません（感染は、パスツール本人が晩年に否定しており、感染は存在しないという説もある）。スロータスを閉塞されると、脳神経からの指令がまともに末端に届きません。それで体調不良が起こり、その最たる結果がガン。したがって、ガンという病気がある訳ではなく、「ガンは極度の免疫低下」なのです。さて、オージャスとアーマの関係から何が分かるでしょうか？

そうです。オージャスが出ている時は、アーマは出ない。アーマが出る時はオージャスは出ない。ザックリ言えばそうです。オージャスは、すべての幸せの元。そしてアーマはすべての病気と言われる症状の元凶。ここから、何が分かるでしょうか？健康から悟りまで導くオージャスが出る条件と、体調が悪化しない条件は全くイコール。では、何がそれを決めるのでしたか？

代謝（消化）を決めるアグニ（火＝酵素）のバランス。では、そのバランスが良い人の特徴は？

自分に一番優勢なドーシャ（三種のエネルギー）＝ヴァータ、ピッタ、カパを増悪（悪化、過剰になる）させないことなのです。では、各ドーシャにおける弱点とその対策です。

○オージャスと美人が出来る条件は？

ヴァータ：

風なので、体が冷えやすいため、冷やすと体調を崩します。だから温めること。消化能力が高くないので、生野菜を温野菜に変える。また**不規則性、「変わりやすさ」**が特徴だから、規則正しい時間に食事を摂る。この二点だけで、自律神経失調症や不定愁訴が良くなるケースが多いです。また、ヴァータは、おしゃべりで、ヴァータ同士で話していると、どんどん加速していきます。それが行き過ぎると、エレガンスに欠けるのみならず、ヴァータが悪化。落ち着いて話しましょう。ヴァータは変わりやすいので不安心配が起きやすい。センサーが敏感なので、相手のちょっとした言行が気になり、不安になります。それが弱点と自覚しておけば、不安が頭をもたげてきたとたん、おー！　始まりました！　とチェック出来ます。また、一貫性が無いという印象を持たれやすいので、ピッタのパートナーなどから、注意してもらうのもグッド。「先月、あなたはやります！　と言ってたよ」などと。

ピッタ：

ピッタが増え過ぎると、若白髪と視力の低下が起きるので注意。また、火が強いのでイライラしがち。怒ると肝臓を痛め、髪と目にも良くありません。特に二二時～二時の間にピッタは一番上がるため、その時間に起きていると、ピッタが増え過ぎますが、特に、液晶を見ると悪化します。そして、翌日の容貌が劣化します。

ピッタは火なので**「激しさ」**が特徴。顔を赤くして怒ったりするとエレガンスさに欠け、モテません。火の反対は水なので、水の多いブロッコリーなどの緑黄色野菜、ミルクなどで中和。また、湖の辺や沖縄などの海、また火の反対と言えば月。月光欲もいいが、ムーンストーン、それに似たパールなどを身に着けるのも有効。落ち着いたカパの人と付き合うと安定します。

ピッタは酵素（＝火）という意味でもあるため、胃酸が出過ぎて下痢しやすい。食べ過ぎないことです。そして添加物、保存料などの化学物質をなるべく避けましょう。それらは、酵素攪乱剤だから。他のドーシャの人と比べ、化学物質による影響が大きく出るピッタは、酵素バランスを大事にする体質なのです。ちなみに、薬はもっと問題がある酵素攪乱剤なので危険。精神的には、いつもチャレンジしていて向上心は高いが、安心感が少ないので、適切さから完全性を求める傾向が強く、そうする過程でイライラしたり、ギスギスしやすくなります。**理想の達成よりも、ありのままに、今の安らぎを上位に置く価値観が重要**。闘争心が強く、勝ち負けにこだわるピッタには、穏やかな太極拳やヨガが適切です。

カパ：

カパは、本来**ドロドロした液体の性質**。だから、ミルクやヨーグルトを摂ると増えます。カパが増え過ぎると、胃から上の症状が出ます。子供時代は蓄膿に、その後は

若さ、健康、美へのコツは？

ヴァータ	ピッタ	カパ
・辛味、苦味、渋味を取り過ぎない ・いつも同じ時間に食事を摂る ・体を冷やさない ・やり過ぎて倒れない ・一貫性を持て！	・辛味、塩味、酸味を取り過ぎない ・完全性に囚われない ・議論したり怒らない ・正しさにこだわるな！	・甘味、塩味、酸味を取り過ぎない ・動け！ ・体を冷やさない ・思ったことは即表現する ・一歩を踏み出せ！

喘息に、そして糖尿に。喘息は今でも難治性ですが、肺の病気ではありません。カパが増え過ぎて、消化管の内側にカビが生え、それが肺に入って起きます。しかし、カパを下げれば治ります。またカパは、形を作り維持する水の性質が旺盛なため、太りやすく動きません。したがって、動かないでいると増悪（悪化）します。糖尿が、運動することで治るのはそのため。エアロビクスやチベット体操など激しい運動が有効です。体が強く、最も病気にならないはずのカパは、いったんなると今度は治らない。現状維持の性質は、チャレンジしない傾向となり、進歩し難くなります。また、相手からは、ノリが悪い、面

白くないと思われやすい。したがって、カパの人へのアドバイスは？　**「一歩踏み出せ！」**。また、カパ同士の夫婦だと何も問題は起こらないが、一生大したことは起きなかったなあ！　とならないように。ヴァータの友だちの突然の誘いに乗りまくると、バランスが取れるかも。体は、水だから冷えやすいので、生野菜でなく温野菜がベター。水の反対の火の性質を持ったスパイス系、辛い物が有効。消化力は弱いので、夜食は軽めに。ヨーグルトなどは、消化しないから夜は食べないこと。

◯三つのドーシャに共通する食のアドバイス

- 食べたくない時には食べない。
- 冷水は、消化力を半減させるから食事の前、中、後は避ける。
- 夜は、睡眠の三・五時間前には食べ終えること（消化にそれだけかかる）。睡眠中は、消化力が五〇％に落ち、未消化だとアーマに変わる。
- **朝一の白湯は最低コップ一杯飲み、その後三〇分は物を食べない**（胃液が薄まるから）。
- 「ながら食べ」はやめる。怒り、不安、恐怖の時は食べない（アーマになる）。
- 美味しく食べる（美味しいと思わないと、ちゃんと消化しない）。

十

宇宙って本当にプルシャの創造遊びですよね！

⊕プルシャとは何か？

オージャスは純粋意識の物質化。その純粋物質がプルシャです。神という言葉が生まれる以前からこの言葉は使われていました。ヨガやアーユルヴェーダに詳しい人は知っているし、二七〇〇年前のお釈迦様も知っていました。原初の光です。プル＝前シャ＝光　アーユルヴェーダのアーユとは、その意識のことであり、宇宙や命が現れる以前から存在していたのです。生まれたことも死ぬことも無く、時空すべてを超えています。ところでプルシャって、誰のことか知っていますか？　あなたがよ～く知っている人ですよ。

そう、あなたなのです！　今はそんな顔して、そんなぬいぐるみ（着ぐるみ）に入っていますが、その実態はプルシャです。着ぐるみをアバターと呼ぶ場合もありますが、**アバターがあなたなのではなく、中に入って活動し体験するプルシャがあなたなのです**。さて、この生まれたことも、死ぬことも無い存在は、目的を持つと思いますか？　何か動機を持つでしょうか？

いいえ、持ちません！　では、今あなたが躍起になり、駆り立てられるように走りながら、ストレスを抱えて追求している目的は要らないということですか？

はい、不要です。金持ちになる、顔が良くなる、スリーサイズを良くする、自己実現する、夢を叶える、尊敬される、羨ましがられる、など。追求しても構いませんが、宇宙的には何の意味もありません。達成しなくても、あなたは永遠に生きていられるのですから。そして、**高次の宇宙存在は、必要性を持ちません。「必要性」は、地球独特の観念。そしてこの「必要性」から、すべての問題、苦悩が生まれました。**まずいですよね！

⊕ 虚空の海で何して遊ぶ？

プルシャは、初め虚空の海でした。ちなみに、今でもそうですが。宇宙自体が無かったのです。ある日、「初めに言葉ありき」で振動が生じた。ブラーフマーという音が鳴ったのです。そしてブラーフマンが現れ、宇宙が出来ました。数百兆年して宇宙は終了しましたが、プルシャは残りました。次に、新たなブラーフマンが現れ新たな宇宙が現れましたが、これも数百兆年くらいで滅びました。もっとも、宇宙があった時でさえ、その実態はプルシャでしたが、ホログラム幻想として宇宙に見えたのです。こんな宇宙の出現が何十回も続き、八百万の神々も現れましたが、今日、今の宇宙が営業中。これももうすぐ店じまいです。後、数百兆年くらいで。さて、これらすべてを起こしているのは誰でしょうか？　各宇宙現象と神々存在の基盤になっているのは？

あなたなのです。プルシャであるあなたが、すべての存在、宇宙の基盤なのです。

知らなかったですか？　ただの主婦や会社員だと思ってましたか？　では、どうやって宇宙が出来たのでしょうか？

始めにプルシャがいました。でも、宇宙はありませんでした。プルシャは、体験をしたいと思い、「対象物」を創りました。例えば、あなたは猫が好きですか？　私は好き過ぎて、猫がいる時は、全宇宙が猫になりかねません。さてあなたは、猫が可愛いと思いますか？　もしそうだったら、あなたの中に、可愛い！　という波動、周波数がある証拠。あなたの中に無ければ、決して「可愛い！」とは感じないのです。ちなみに、ネズミは猫が可愛いと思っていないようです。可愛いでチュ！　でも、パックン！　では、笑えないですからね。あなたは、音楽で感動しますか？　私もバッハ、ベートーヴェンでは感動し、テレサ・テンでは、涙します。音楽で感動する人は、自分の中にそれに相当する周波数があるからです。このように、**外にある対象物は、あなたの内部の波動、周波数を確認するためだけにあるのです。**

元々、主体から対象が生まれました。と言うより、対象が無ければ、主体も無いから、実は一極だったプルシャから、二極分離が起こり、その片方を主体、見られる側を対象と名付けただけ。そして、その対象の総体が宇宙です。宇宙存在の意味は、あなた内部の周波数の確認なのです。では、プルシャの機能は何でしょうか？　プルシャには姿がありません。全宇宙がプルシャですから。では、**プルシャは何なのか？　と言えば、「感じる能力」なのです。感じることは、プルシャにしか出来ません。あなたの中に今、プルシャは入っていますが、あなたが今感じてるフィーリングのすべては、プルシャです。**思考も感情もプルシャです。もし、あなたからプルシャが抜け

プルシャの宇宙クリエーション機能

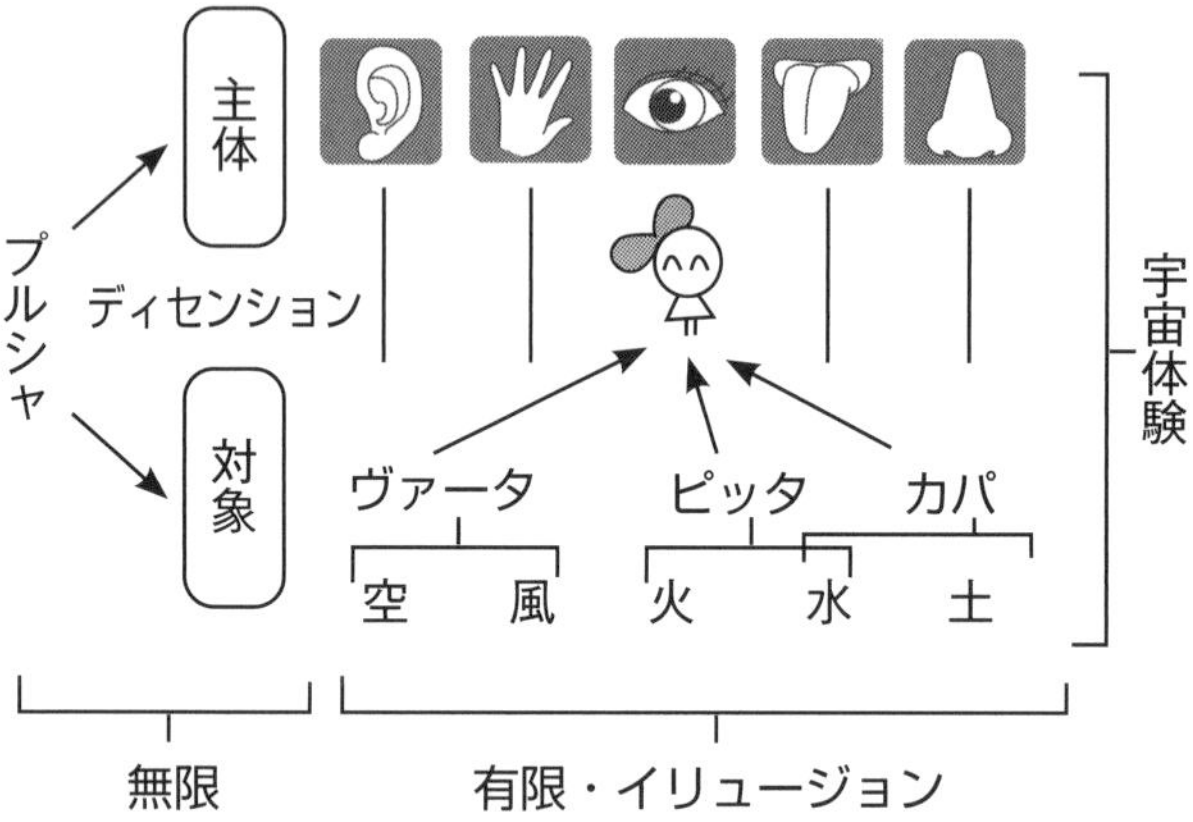

てしまったとしたら、どうなるでしょうか？

プルシャは感じる能力で宇宙のすべて

体は、パタッと倒れ、腐ってハイそれまでよ！　何も感じず、考えられず、一瞬も生きられません。プルシャは、生命自体であり感じる能力自体なのです。そしてあなたは、プルシャです。さて、プルシャって、魂やハイヤーセルフみたいなものなのでしょうか？

いいえ。実は、魂やハイヤーセルフと言ってきたものは、プルシャのことです。しかし、プルシャは自分を分割出来ません。カマボコではありませんから。全宇宙唯一の存在で、光の一枚岩です。ところが、地球人は、宇宙では稀《まれ》なほど分離を信じ過ぎている人種。新興宗教を信じ込んでいるのと同じです。隣の人が自分と同じだとは、全く思えないので、一人一人に個別別個のタマのシイみたいなものが入っている、と思ったのです。そうでないと、理解が出来なかったからでしょう。ハイヤーセルフも同じような概念。実は、魂もハイヤーセルフも分割された個別の存在ではなく、あるのはプルシャ一者だけ。あなたと隣の人の御霊＝プルシャは同じです。分御霊ではなく、唯一の御霊。**同行二人ではなく、同行一者**。五〇〇〇年前は、これを理解出来る人が多かったようです。その後、地球世界の波動が落ちて、因縁因果説が流行りました。では、あなたの心身はどうやって出来たのでしょうか？

⊕ 心身を創ったタンマートラは五

長年、アーユルヴェーダ大学を主宰してきましたが、一番難しい概念がタンマートラ。カタカムナでは、タンマートラ＝大きく分かれたものが、受容され、短時間で統合された場。宇宙を創ったプルシャが、タンマートラという機能を発揮し、五感覚と五大元素を創ったと言います。何で五なのでしょうか？

まず**プルシャは、宇宙を楽しもう、体験しよう、味わおうと思って、タンマートラ機能を使い、次の五つのペアを創造しました。**

聴覚─空間　触覚─風　視覚─火　味覚─水　嗅覚─土

聴覚─空間：

宇宙を聴いて体験したくなったプルシャは、「振動」が必要だったので、「空間」を生み出し音、周波数を響かせて遊びました。

触覚─風：

宇宙を触りたくなったエッチな（？）プルシャは、動きが必要になりました。止まったままの触覚は、何も感じることが出来ません。朝起きた時、自分がシーツの上にいることを、いつも自覚していますか？　シーツが自覚出来るのは、手や指をシーツ上で滑らせた時。動きが無いと触覚は働かないので、動きである「風」という概念を創ったのです。**「風」は、動きすべてを象徴しています。**

視覚―火：

宇宙を見たいと思ったプルシャは、「火」を創りました。「火」が無いと見えないからです。これで、スカートの中も見えるようになりました。プルシャもやります！

味覚―水：

宇宙を舐めてみたい！　と思いました。変な人ですよね？　でも。あなたもそうじゃないですか？　赤ちゃんも、よく落ちているものを舐めます。舐めて味がするためには、「水」が要ります。いかにあなたが、金の延べ棒やダイヤが好きだとしても、「水」で溶けないので美味しくはなく、食物には不向きです。

嗅覚―土：

最後に、宇宙を嗅ごうとしたプルシャは、タンマートラ機能を使って、固形物すなわち「土」を創りました。良い香りや悪い香りを感じさせるのは波動ではありません。アロマセラピーでさえ、使うのは粒子。もっと大きく杉花粉のようになると、ハックション！　となるのです。

こうして、五感覚と五大元素が出そろいました。両方とも五であるのはそういう訳。他の星では五とは限りませんが、地球の場合は五です。もう一度、まとめてみましょう。プルシャは、宇宙を創って体験を味わおうとしました。宇宙の味わいを、タンマートラ機能を使って、五種類に分けました。味わうために空風火水土という五種類の元素を創り出しました。しかし、**五感覚と五大元素は別のものでさえありません。プルシャが宇宙を体験すると決めた時、主体—対象という二極にしないと、それは出来ない相談だったので、二極に分かれたように見えたのです。実際は、今でもプルシャの周波数しかありません。それを認識する時、二極に分かれたように見えるだけ。すなわち、対象も幻想、ホログラムなのです。**さて、あなたの心身はどうやって出来たのでしょうか？

五大元素から三エネルギーが発生

人の心身の性格を規定する三つのドーシャ＝ヴァータ、ピッタ、カパ。それらは、五大元素で出来た概念です。この三つを誰でも持っています。その組み合わせの割合によって、あなたの性質が決まります。

ヴァータ：「風」が強く、次に「空」が強い
ピッタ：「火」が強く、次に「水」が強い
カパ：「水」が強く、次に「土」が強い

この中で一番強いドーシャが、あなたの心身の命運を左右します。しかし、これら三つのドーシャは、五大元素で出来ています。五大元素は、食べ物から摂れます。ということは、あなたの心身は食べ物の都合で変わるのですか？　あなたという人は、食べ物次第なのですか？　はい。**健康のみならず、笑う、悲しむなどの心の性質さえ、食べ物次第です**。え？　あなたのすべてが、食べ物なのでしょうか？

そんなことは無いでしょう。あなたの世界でも最も重要なあなたという存在が、ただの食べ物なんですか？　違います。あなたは、心身ではありません。身体でないの

みならず、心でもない。心はあなたではないのです。じゃ、心って何なのですか？

⊕ あなたは食べ物？　乗り物？　乗り手？

「乗り物」です。ただの「乗り物」。初期設定の済んだそれに乗れば、大体どんなドライブが出来るか？　が決まります。あなたが、出したり考えているものではありません。自動車が連れてゆくのです。乗っちゃえば終わりです。じゃ、自分は何も出来ないのでしょうか？

いいえ！　どの乗り物に乗るか？　決めることが出来ます。誰が？　さあ誰でしょう？

そう、プルシャなのです。ところであなたは、誰でしょうか？　ヴァータ、ピッタ、カパで出来たアバター（化身）である心身（心と体）ですか？　ぜんぜん違います。食い物だけで出来たそんなもんじゃありません。もしそうであれば、あなたはカボチャやラッキョウ、チチボーロと同じなのです。チチボーロは確かに美味いですが。

そう、**あなたはプルシャです。あなたに起きるすべてを仕掛けている存在、どころか、宇宙すべての運航を決めている唯一の実在、それがプルシャ。**良かったですね！　そのプルシャが、あなたという観念を浮かべた時だけ、あなたになります。すなわち、ヴァータ、ピッタ、カパで規定され初期設定された架空のアバターに。では、アバターのあなたが経験する出来事や体験は、どう起きているのでしょうか？

まず、あなたの初期設定。決める要素は、一般に、両親のDNA、星回り、過去生のカルマなどと思われています。両親のDNAも、その両親のDNAやそれらに影響する天地万物すべての相互作用の結果だから、結局宇宙が決めていると言えるでしょう。星回りも含め、全宇宙が介在しなければ、初期設定は決まりません。だから全宇宙＝プルシャが決めています。あなたをパソコン、端末のように言って失礼ですが、機能が同じなのです。初期設定とインプットの性質により、アウトプット、すなわち何をやるか？　が決まります。では、インプットは誰が決めますか？

プルシャです。例えば、あなたの親が一億円の借金を残して亡くなったとします。それは誰が引き起こしたのでしょうか？　スピ系では、あなたが引き寄せたと言うかもしれません。しかし、あなたは本当に一億円の借金を背負いたいのですか？　そんな人は無いですよね？　次に、あなたの人生で一番良かった出来事が、自分の努力の結果だった方はいますか？　ゆっくり考えてみてください？

八時間経ったのでお答えします。今まで約一〇万人に聞いて、イエスの答えはたった一人でした。このように、一〇万人に一人しかいない。良いことに限って、自分が引き寄せたのではない。では、いったい誰が？

私をわたすと私はプルシャ！

❖引き寄せているのは、あなたじゃない？

引き寄せの法則が本当だとすると、あなたの思考と感情が引き寄せるんでしたよね？　では、思考と感情はあなたが出していますか？　コントロールしているでしょうか？　毎朝、目が覚めて一分以内に暗くなりますか？　ほとんどの方はイエスと言います（目が覚めると、眠りの時にはいなかった「私」を意識し始めるから）。楽しく過ごしていたある時、突然不安になったりしませんか？　そう、感情は突然湧いてきますよね？　正当な理由も無く、あなたが、そうしたくなくても。そして、あんなに心配だったことが、気付くと無くなっています。このように、感情思考は勝手に起きます。いったい誰が出してるのでしょうか？

プルシャです。プルシャが、感情思考を体験出来る世界、マトリックスとして地球を創りました。三次元で第三密度という磁場のメリットとして感情、思考が味わえ、常に心配したり、喜びを体験出来ます。この磁場では、放っておいても必然的に感情思考が飛び出します。ユニバーサル・スタジオのジェットコースターと同じなのです。

感情思考は勝手に起きますが、あなたのものではありません。**この磁場にいると、勝手に出てくるエネルギーであり、あなたは出していません。したがって、あなたの責任ではありません。そして同様に、あなたのコントロール下にもありません。では、目的は何でしょうか？**

プルシャの感情思考体験。面白いからです。目的は達成されています。そして決して悪くありません。感情思考は、宇宙的。宇宙全体が、あなたの前に絞り出してくるのです。なぜ？　プルシャが体験したいから？　どこのプルシャが？　どこのでもなく全宇宙唯一のプルシャです。が、今あなたは自分がその感情を感じていると思い込んでいるから、それに即して言えば、あなたのプルシャが。では、感情も思考もプルシャが出しており、その結果引き寄せが起こって現象と体験が生じる。ならば、すべては、プルシャが創っていることになりますね？

そうです。あなたをパソコン、端末とした場合、そこへのインプットのすべては、プルシャが行っていることになります。でも、こういう質問があります。うちの役立たずの旦那の浮気が、プルシャの差し金だなんて、どう考えても納得出来ない！　さ

プルシャは宇宙劇団一人！

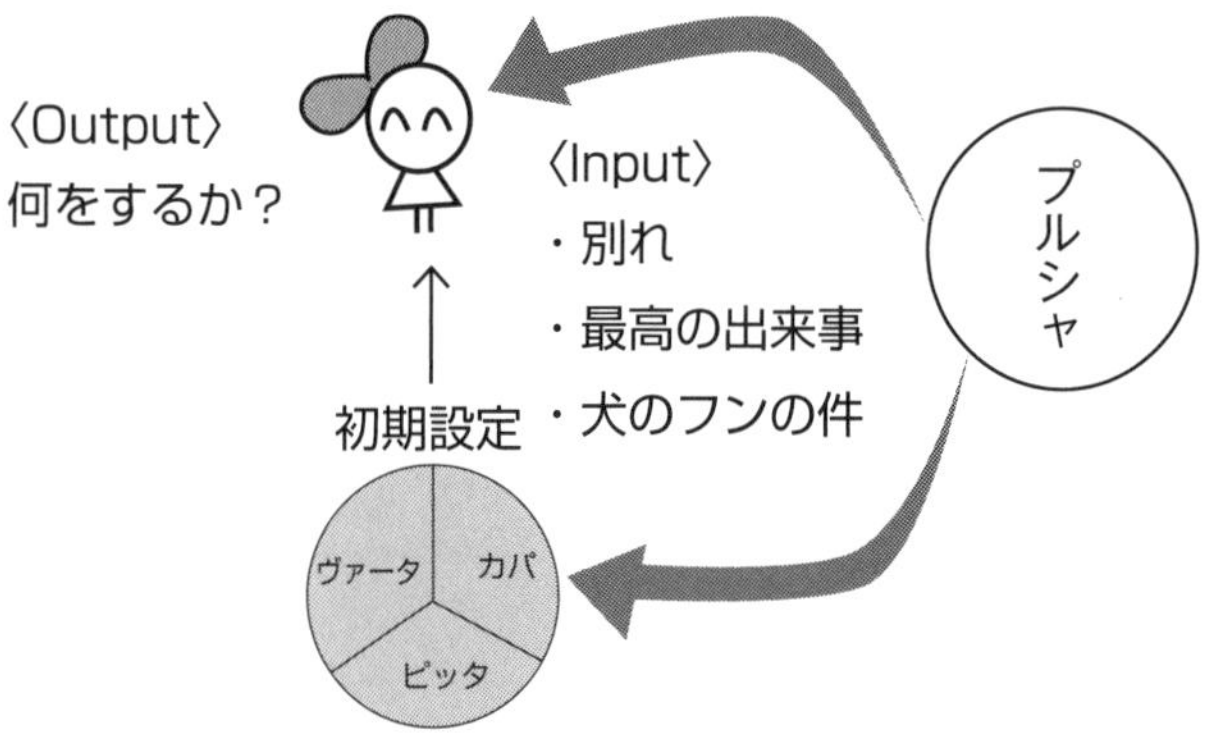

て、お聞きしますが、今、あなたの中に入り、旦那の浮気に怒り狂っているのは、いったい誰ですか？　中に入って怒っているのは？

プルシャです！　ということは、今怒り苦しんでいるのは、あなたではなくプルシャですよね？　**プルシャは、地球体験がしたいので、外から出来事を起こし、同時にあなたの中に入って体験しているのです。全くの一人芝居。**さて、残りはアウトプットですが、これらの結果、あなたはどういう行動をするのでしょうか？　アウトプットはどうか？　です。

初期設定がピッタで、いつもカリカリする性質。友だちが間違ったことを言っていると、彼は怒り、正そうとします。これは、初期設定で変えようがありません。この初期設定はプルシャでしたね。そして、インプットは結局プルシャがしているのでした。すると、**アウトプットは、初期設定とインプットで決まりませんか？**　いつも不安になるヴァータさんに、パートナーの浮気の噂が届いたら、通常すぐに不安になります。すると彼女は、即メールで問い質すか友だちに相談します。でも、彼女がカパなら、しばらくリアクションはせず、相手にも確かめず、長い時間をかけて対処するか、スルーします。これらはすべて、初期設定とインプットの種類で決まります。すなわち、すべてのアウトプットは、初期設定とインプットで決まる。ということは、これら一連すべてのプロセスは誰がやっていることになりますか？

❖自由意志って誰の？

プルシャです。でも、まだ納得しない人がいます。そんなこと言ったって、人間には自由意志ってものがあるんじゃないの？　何でも決められてるってのは嫌だわよ！

これについては、ベンジャミン・リベットが答えます。アメリカで二〇〇〇年近くまで生存していた革命的な科学者。例え話で話しましょう。

コロッケを買いに行った奥さんが、「いつものコロッケ七つ！　あ、やっぱりメンチだわ！」と言ってしまったという事件を追ったのです（暇な人ですね？　じゃなくて、斬新な視点ですね）。土壇場で、いったい誰がメンチに変えたのか？　研究の結果、「メンチ！　と口にする〇・二秒前に、奥さんの脳にはメンチの信号が入っていた、予備電流が発見されました。しかも、他の大学の実験でも結果は同じ。さらに驚いたことに、この現象はメンチに限らず、結婚相手を選ぶ際にも起きていました。吉田統合研究所メンバーに二人います。プロポーズを断ろうと決めて相手に会ったとたん、「付いて行きます～！」と言っちゃったという。突然舌がそう言った。そして「私、今何言ってんの⁉」と。さー、これが真実とすると、あなたの選択と思っていたものは、目に見えない他の存在の選択だったことになりませんか？　そう、プルシャの選択なのです。

プルシャがしたくなったことしか、あなたはしたくなりません。プルシャが、間違いたい時は、間違います。もっとも、プルシャの宇宙観の中に間違いは無く、皆ただ

のユニークな体験ですが。これが本当なら、今まであなたは、間違いを犯したことが、いったいあったのでしょうか？

❖後悔、罪悪感、不安、心配って要らなかったの？

ありません！　受験の失敗も、破産も、離婚も、子育ての失敗も。そしてガンになったことも。すべては何だったのですか？

プルシャが体験したくて起こしたことでした。じゃ、何でそんな変なことを？　あのね！そんな偉そうに言ってはいけません。破産、離婚、大病が悪いだなんて、いったい誰が言ったんですか？　それらはそもそも、ほとんど地球でしか起きません。密度が濃くて世界が重くなり、自我が強くなって、何でも深刻に感じられる地球にやっと来られたんだから（競争率は二〇〇〇倍以上という噂も）、離婚とガンだけはやらなきゃ！　というだけ。自殺も、ほぼ地球だけ。命が絶対に死なないなんて、宇宙中誰でも知っているのに、地球でだけは死ねるんだ！　と思い込める。しかも自分の手で死ぬなんて、あり得ないほどファッショナブル！　宇宙最高レベルの自由度！　ともっぱらの評判。もっとも、**死んだとたんにプルシャに戻ります。目が覚めるのです。だから、プルシャである本当のあなたは、ぶっちゃけ何の心配もしていない！**　ガンが再発した、と大騒ぎするアトラクションがやりたい、離婚だ！　離婚だ！　と意味の無い問題を作り出し、情熱のすべてを傾けたい！　という切なる望みで、地球ツアーのオプションとして選んだのです。

さて、子育てに失敗したケースですが、そのお子さんは実はプルシャ。その子の初期設定によって息子に入ったプルシャは、学校の授業に興味が持てず、カツアゲにはまり、小学生から小銭を巻き上げたりします。それって、あなたの教育が間違っていたからでしょうか？あなたが、カツアゲを教えたんですか？　いいえ。プルシャが体験したかったからです。どこの？　息子さんとあなたの両方のプルシャが。本当は、同じプルシャがですが。プルシャは、カツアゲを奨励するのでしょうか？

はい、します。じゃなくて、カツアゲして、良心の呵責に耐え切れず、やがて立派な人になる、などその後が待っています。仮に、そうならなくても、この密度の濃い地球に生まれたなら、そのようなネガティブな経験は十分あり得るもので、そこから学ぶことも体験することもたくさんあるのです。仮に核戦争をして、自分の星をダメにした宇宙人がいたとします。彼らはその後どうなるか知っていますか？　他の宇宙で、今にも核戦争をしでかしそうな星を見付けると、そこにアプローチし、それを止めるのです。今は、地球がその恩恵を享受していますが。このように、どんな体験も決してムダにはならないんです。すべては、単なる体験。さて、ポイントは何でしょうか？

❖沖田総司より強い「おきたできごと」

すべての出来事は、プルシャが体験したいから起きている。だから受容しよう！　今起きていることが、本当にプルシャの希望なのかどうか？　どうしたら分かりますか？

「今、目の前で現に起きているから」です。起きていることが証明です。プルシャが望まなければ、決して起きません。あなたが頑張れば、もっと頭を働かせれば、もっと良い結果になったのでしょうか？

いいえ。同じです。今目の前のことを今起こしたかったのです。プルシャが。じゃ、変えちゃいけないんですか？　こんなんじゃ嫌だ！　とか聞きますか？

もし、変えたかったとしたら、それはプルシャの望みです。だから、遠慮なく変えてください。反省しなくて良いとは言っていません。反省してください。ただし一秒以上はムダですから、いつまでもウダウダ言うのはやめて。そう、反省しても改善しても結構です。しかし、**今まで起きたことは間違っている、悪い！　と思うのが唯一悪いのです。なぜ？　変化出来なくなるから。**抵抗すると止まります。後で、抵抗―受容の項目で詳しく説明しましょう。

アセンションビューティーに、なぜこの話が出たと思いますか？　**「私」がいると、美しくなれないからです。**「私」って何でしょうか？　この本の中では、挿絵にリボンの子が出てきますが、今けっこう有名で、大手出版社の社長秘書もファンの一人だそうです。ニックネームは、八〇億人にアンケートした結果「アタチ」になりました。

「私」のことです。すでに、ファンクラブ結成の要請も二名から頂いています。実は「アタチ」はとっても可愛いんですが、とっても悪いのです。この手下にルシファー、レプタリアン、イルミナティー、ディープステートがいるのですから。彼らも「アタチ＝私」ほど悪くはありません。怖いですよね？　さて、「私」ってどうやって生まれたんでしょうか？　きっと恐ろしいストーリーでしょうね？　夜眠れなくなっても知りませんから、心をしっかり引き締めてお読みください。

❖恐るべき「私」の生い立ち

朝、生まれました。目覚ましが鳴ったからです。「あー！　また一日が始まるのかよ～！会社無くならねーかな～！」と言う、目覚めから一分以内に「私」が誕生します。寝ている時は、「私」が自覚出来ませんから何も感じません。ところが、目覚めてすぐ、窓が見え空が見える、と同時に自分＝「私」が立ち現れます。そして、宇宙の大半が外界の世界に奪われてしまったのを発見。実は寝ている時はプルシャですか

プルシャの着ぐるみ醜いアヒルの子

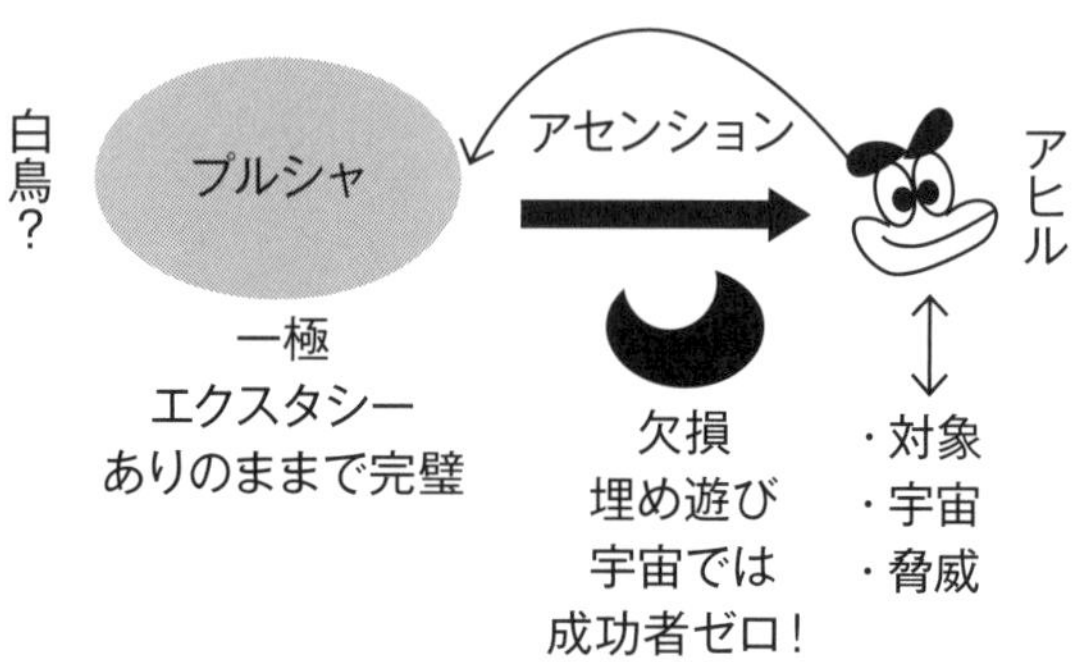

ら、世界すべてが自分の手中にあったのです。そして、実に小さくて、即やられてしまいそうな自分を守るため、「自己保存本能」が頭をもたげ、身を守らねば！　という危険を感じます。宇宙の大半を奪われ、半端者の自分という欠乏感により、「私」が出現しました。本当は、宇宙で起きるすべては、光エーテルの一枚岩であるプルシャが起こす、プルシャ内部の相互作用という一人芝居であるにも拘らず、**この小さな存在が何でもやっていかねばならない！　という「やり手」に化けたのです。「やり手」を感じたら、みじめさは避けられません。何をやっても、自分のせいですから。**全責任は自分に、罪悪感と無力感も感じ放題。つかみ取りＯＫという！　地球独特のマトリックス

生活に入ったのです。さて今、朝の比喩で話しましたが、宇宙全体に視点を戻し、宇宙の創生をシミュレーションしましょう！

プルシャは、元々無限です。しかし意識がありません。対象物が無い時には、意識が生じることは無いからです。今、あなたは何を見ていますか？　例えば、人通りを見ているとします。意識はそれで芽生えていますが、いったん目をつぶってください。どうですか？　意識が少し減ったと思いませんか？　でもまだ耳が開いていますよね？　音という対象物が入っており、意識が動いています。そこで、耳も閉じましょう。どうですか？　意識がさらに減りませんか？　そうです。意識は、対象物無しでは生じないのです。そして命は意識の後に発生しました。だから対象無しには命も無かったのです。さて、対象とは、主体から分かれて二極になった結果でした。大元一極のプルシャには、意識が無かったとこれでお分かりですね？　さて、意識が無くて体験出来なかったプルシャは、二極分解することで、対象物を創り、その集合体を宇宙と呼びました。さて、宇宙を体験するには分離が必要だった訳ですが、分離前の一極プルシャの状態は無限。ということは、**無限は体験が出来ないのです。ゼロの一点**

に、すべての時間とすべての空間場所が含まれていますが、特定のフォーカスである限定が無いために、無限では体験が生まれません。プルシャが宇宙を体験したここでの操作、テクニックは何だったのでしょうか？

❖「対象」で意識を創り、「限定」で宇宙を創る

そう、「限定」だったのです。「限定」を課すのです。それは、アセンションではなく、反対のディセンションで行いました。統合を意味するアセンションでなく、分離して創造活動を展開したのですが、これは限界を課すことと並行しています。限界無しでは、体験が出来ないのです。

まず、最初の状態。思ったことが何でも一瞬で実現するのは楽しいですか？　日本各地の講演会で、私が質問します。イケメンが欲しいというお姉さんに向かい「じゃ、何でも叶う魔法の杖でイケメンを五〇〇〇〇匹出せたら嬉しいですか？」もちろん、答えはハイ！　毎日、楽しいデートが続き、どんな服を着て行ってもよく似合うね！

と言ってくれるし、料理も作ってくれ、肩ももんでくれる。しかし、これが三六五日続いたら？　全員が答えます。「あきます！」と。「あきまへん！」でも意味は同じですが。さて、プルシャにはこれがどのくらい続いたと思いますか？　はい。八〇〇〇億年くらいなのです。どう思ったか？　察しがつくでしょ？　そう、「飽き飽きだ！もう、イケメンだけは二度と見たくない！」。

ま、そんな訳で「限界」を課すことにしました。まず、アンドロメダ、アルクトゥールスなどを創りましたが、神々や銀河を創る能力はあっても、暗闇すら無い光一元の世界だから、イマイチでした。さらに波動を下げ次元を落として、オリオン、プレアデス、リラなども創りましたが、まだ良いことしか起きません。家族の仲が良いのが一番だよね！　とか、五平餅を持って行ったら、みたらし団子を代わりにもらった、とかが何年も続き、太り果ててしまった！　じゃなくて、飽きてしまいました。そこでさらに波動を落として、密度も下げ、アヌンナキ、アメノウズメ、スサノオ、エホバ、イナンナ、ゼータ、グレイなどを生みました。生みましたと言いましたが、実際に起きたことは、プルシャがそれらの観念を浮かべ、それを創造し（ホログラムで)、その中に入って、そのものとして生きたのです。ディープステートも楽しみました。ホワイトハットもですが。そして、とうとう今回の真打登場、皆さん大好きな地球が出来たのです。宇宙でも稀なほど、水が豊富で、宇宙からの遺伝子を超多数保存。他の星では基本的に一つしか無い言語を、数千も持つという分離の極みの惑星。ですが、その最たる特徴は何だと思いますか?

❖超絶「私」アトラクション地球

はい、「私」が極度に分離しているのです。ある情報では、プレアデスには二億のアバター(個人)がいるが、魂(分離感で見たプルシャ)は五〇億だそうです。一つの着ぐるみ(アバター)に多数の御霊(に見える)が入れ代わり立ち代わり、マンションのように出入りする。とすれば、個人=「私」という観念はだいぶ異なりますよね? バシャールも三億人で一人っぽい所があり、**高次宇宙存在は、概して「私」が希薄か無いに等しいのです。全体が一プルシャだと知っている訳です。さらに、地**

球でさえ人間以外はそうみたいですよ。何億匹と増え過ぎたネズミたちは、その一部が崖に走って行き落ちて死にます。失恋でもしたのでしょうか？　まさか。食糧難で全滅するのを防ぐためのアポトーシス（自己死）なのです。ヒューマニズムをはるかに超えた、ネズミズムがそうさせるのです。じゃなくて、ネズミは、全体で一匹なのです。五〇〇〇匹で一斉に回転しては球を作り出して泳ぐ魚もそうです。中の一匹が、どう泳いだら全体で球状になるのか？　どうやって知るのでしょう？やはり、全体で一匹だと。プルシャが、自分をネズミに転写する時、ネズミに化す時、**一匹ではなくて全体にするのです。**比べて、人間だけは？

一匹に、いやたった一人の「私」に化すのです。正確に言えば、プルシャは全体であることを忘れてはいません。しかし、「私」という観念を選んだ瞬間に、完全に分離された「私」となり、「やり手」幻想でこの地上を生きるのです。それが問題なのでしょうか？

いいえ！　何も問題はありません。ただ、すべての苦しみの原因がそれだ、というだけのことです。**「私」幻想を超えないと、どんなスピリチュアルをやろうと、過去**

生を癒そうと、チャネリングがうまくなろうとも、インナーチャイルドを癒そうとも、何の解決にもなりません。本丸は「私」なのです。さて、「私」を無くすのは難しいと思いますか?

すでにある「私」を無くすのは難しそうですよね? しかし、元々「私」はいません。中学時代、初めてルネ・デカルトの逸話を聴きました。デカルトは「我思う、ゆえに我あり」と言った、と。私が今思いを出している、このことだけは絶対に否定出来ない。だから私はいるのだ、と解釈されていました。しかし、私は納得出来ませんでした。「実は、無がだまされて、自分はいると思い込まされているが、実際はいない。無が、居もしない自分がいる、と刷り込まれているのじゃないか?」と。実際、今になってみると、まんざら変でもなかったかな? と思います。

我々は、「私」がいると思い込んでいただけ、洗脳されていただけなのです。ディープステートの洗脳どころではありません。実は、ディープステート自体が、最も洗脳されてきた側なのです。だから、つまらなくって甲斐の無い行為しか出来ないのです。単に多くの金銭と権力を持ち、それによって人が大きく動くと、たくさんの愛を手に入れたような気がしたのです。可哀そうなことに、何も手には入りません。彼らは最も「私」に支配されたままなのです。

例えば、海に一匹のタコがいたとしましょう。その中の一本の足だけを「私」だと勘違いし、他のすべての足に攻撃を加え、生き血を吸い取り、たった一本の足に注入しますが、その結果、タコ全体がダメになると知らないのです。ディープの方々は、「私」幻想にさいなまれているため、本当の愛が分かりません。一方、**愛に満たされている人には、欲望が無いのです。与えられている宇宙自体、世界自体がすでに至福と感づいていますから、駆り立てられるように、何かを追い求めることをしません。**

本当の愛を感じていない人の特徴は、何だと思いますか?

人間じゃねえ！
美しさとは？

❁「私」→欠乏→欲望→時間のムダ！

欲望が強いということ。欲望とは、情欲、金銭欲、権力欲。**本当の愛が手に入らないから、マガイモノでごまかそうとしているのです**。それら三つが手に入ると、何となく満足して愛の代わりになると思っていますが、それは起きません。入手してもムダ。これはスピリチュアルでも同じです。もっと霊的に向上する、霊感が冴える、霊的パワーを増す、世間への影響力をはかる、世間から尊重される、など何の役にも立ちません。私は、二〇歳の時に「自己実現」に凝り、夢や目標が二七三個ありましたが、大学卒業時には、ほぼすべて叶っていて驚きました。次に、自分の人生の理想シナリオを書き出しました。すべての夢を達成し、最高のスピリチュアルリーダーとして世界中に貢献。その功績は未来永劫語り伝えられるのであった、めでたしめでたし！　という感じでした。その目標をノートに書き終えた時、私がどう感じたと思いますか？

言いようの無い虚しさを感じたのです。それは、全く想定外でした。こんな、自分

大人気！
ムダな骨折りアトラクション

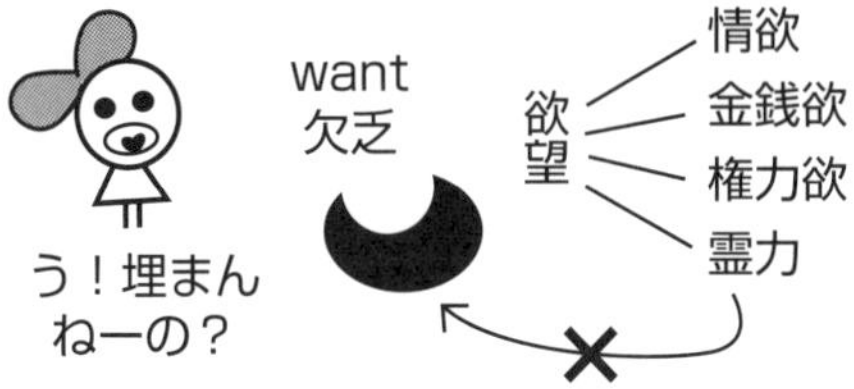

が当時望んでいた理想が実現すると想像したのに、何でこんな殺伐としちゃうんだ？？　と。なぜだと思いますか？

そんなもんじゃ、人間は満足出来ないのです！　**本当の愛、真の自由、本当の喜び、解放無しには。「ありのままで完璧！」を知るまでは、どんな獲得もナンセンスになるのです。**

❁ レムリアのエレメンタルと知って？

私は、アーユルヴェーダで言うとピッタ体質。何でも、ハッキリ、パシッとするタイプと言われています。知り合いに、大変ノンビリした女性がいます。素晴らしい感性を持ち、自然界と話し、動物とも心が通じる人ですが、ピッタの私が激してくると、話のテンポと表現の仕方がズレる感じでした。それで失礼な態度を取ったりしたかもしれません。ところがある日、その人はエレメンタルかも！　と思いついたのです。

妖精もその一種であるエレメンタルは、この物質世界より繊細なエーテル界に住む精霊のような存在。亀も半分くらいエレメンタルで、レムリアのエネルギーに魅かれてやって来ます。この三次元にもエレメンタル界は共存しますが、普通は表面に出てきません。ところが、彼女はエレメンタル界に住んでいるようなのです。そこである日、あなたはエレメンタルですね？　と聞いたら、ハイ！　と。それを聞いてから、すべてが良くなりました。なぜなら、彼女が妖精やエレメンタル世界の住人だと分かると、あのノンビリさと繊細さとフィーリングは、全く理解出来るのです。そして今では、コミュニケーションもスムーズで、共にいても安らぐのです。だって、エーテル界には何の問題も無いのですから。問題なのは物質界だけで、エーテル界はプルシャの体みたいなもの。静まり返っているのです。一緒にいると、エーテル界の静けさに包まれるようになりました。これで分かったことは、**どこで誰といても、そこは**

エーテル界だったのだ。だから、完全に安らいで良いのだ、ということです。さて、この話の趣旨は何でしょうか？

そう、人間は本来存在してなくて、プルシャしかいない、エーテルしかないのです。人間だと思って相手と接していると、何も分からないのかもしれません。相手に入り込んでいるのはエーテル生命であり、プルシャ自体なのですね。ペルソナ（仮面）を被った人間ではありません。社会に出ると人間はペルソナを被らざるを得ない、とよく言われますね？　仮面を脱がないと、幸せにならないと。しかし本当は、**「人間」の仮面を脱がないと、幸せにはならないのです。**

❁「ありのままで完璧！」とは？

ありのままは、コオロギのパパとは意味が違います。よくスピ系で、ありのままを達成しなければ、などの論法がありますね。それは、特定の境地のお話なのでしょうか？

いいえ。今のあなたの状況そのものです。例えば、知人の例を挙げると「自己破産は三回で、借金は八〇〇〇万あり、そのためにやっと結婚した相手とは籍を抜き、相手には女がいるらしい。子供たちは家に居着かない。スリーサイズの違いはほぼ無くなっており、顔もタルミとシワで雪なだれ現象が止まらない。そして性格はと言えば……悪い！」これが典型的なありのままです。これのいったいどこが完璧なのでしょうか？

この状況は、誰が作りましたか？　あなたですか？　はい！　良い人ですね？　スピ系ですか？　でもこの本では、あなたはいないことになっていますので、宜しくお願いします！えーっと誰がやってるんでしたっけ？　そう、プルシャですよね。では、今起きていることだけが例外なんですか？　違いますよね。ということは、プルシャが体験したくてそうなっています。じゃ、あなたに責任は無いのでしょうか？　え？　あなたはいたんですか？　今、いないって言ったばかりじゃないですか？　若いのに大丈夫ですか？　そう、前記のようなありのままの状態になっているとすれば、プルシャが欲しました。その体験をしたがりました。だから、それで良いのです。あなたが頑張れば、もっと良くなっていたんでしょうか？

しつこいですね！　あなたはいない。いないあなたがそうやったら、頑張れるのですか？　**頑張れないと悩みながら、頑張ってきたのは、あなたでなくプルシャでした。だから、今の状況はそれで良いのです。他の選択肢は無かったのです。**では、改善してはいけないのでしょうか？

そんなことはありません。どんどん改善していってください。だって、改善したいと思うなら、プルシャがそうしたいのだから。じゃ、反省は？　もちろんしてください！　プルシャがしたいのなら。要点は、**自分＝「私」がやっていると思っている限りは、無間地獄が続くということ。何の救いもありません。そして、今のありのままに抵抗がある人が、そうなのです。**何かに抵抗を感じる、嫌だ、嫌いだ、許せない！と思っていることを「抵抗」と言います。「抵抗」の効果は、大変なものです。後で詳しく話しますが、「抵抗」＝「継続」。パラレルワールドをこれから人類はどんどん飛ぶようになります。その時に、飛べない人の唯一の特徴が「抵抗」なのです。せっかく飛んでも、また同じパラレルワールドに引き戻されたければ、是非「抵抗」を使ってください！　もれなく、何の変化も無い、変わり映えの無い人生に逆戻り出来るという「地球ローカルアトラクション」を満喫出来ます。でも、もし今までをやめて、もっと自由解放された世界に入りたいなら、「受容」しかないのです。目の前のことを受容してください。すると、あなた自体がゼロポイントになります。そしてそこからは、どんなパラレルにでも飛んでゆけるのです。

なぜ受容出来るんですか、三ポイントさん？

あなたの都合では、出来ません。**プルシャが「受容」だから。そしてすべてプルシャがやっているとすれば、抵抗しても全く無意味だと思いませんか？　宇宙唯一の存在であり、オールマイティーで最高権能、そのプルシャが体験したくて起こしている現象、それが今起きています。**受容するしかないんですよね。そう、プルシャが起こしているから受容です。ちなみに、あなたはプルシャです。では、具体的に、何を受容しましょうか？

まずは「出来事」。次に「感情」。そして「想念」。どんな「出来事」も、すべてプルシャが体験して起こしているから、受容する。どんな感情も、地球独特の、プルシャが体験したい感情が起きているから、ただ受容する。「思考」も、進化した星ではあまり使わない体験。受容と言うと、すべてそれが良いと思うことか？　と言えば、全く違います。例えば、相手の話を受容する場合。相手が、あなたのことを最悪の女だとか言ったとします。その時、そうですよね、すいません、などと嘘を言ってはなりません。自分が思ってもいないことを言うのは受容ではないのです。**相手がただそう言っている、という事実だけを受け入れるのです**。多くの場合、人は思っていないことは言わないので、事実そう思っている、ただそのことだけを受け入れます。判断して、正しいとかそうでないと思うことではありません。そして、何を言われたとしても話の最後に、有難う！　と言って終えます。

　人の話を聞くのが、受容の一番の練習になります。特に、苦手な人の話が。嫌な人とはあまり接したくないですよね？　でも、心理的に逃げてばかりいると、その相手はだんだんモンスター化してきます。抵抗を感じて逃げているせいで、相手との間に距離が生じ、それが分離感を増大させるのです。かつて、宮沢リエが撮影中に落馬しました。すると、その場で即乗り直すよう厳しく言われたそうです。そうしない限り、もう二度と馬には乗れなくなるから。すなわち、抵抗が距離を空け、それがモンスターのように巨大化するからなのです。では、受容するとどうなるのでしょうか？

❁受容すると恐怖が消える

そう、距離がつぶれるのです。それは、一体化のような、元々一つであったという感覚。あたかも、相手がいないような、対象が認識出来ないようなフィーリング。ちょうど、ラブラブの男女が一緒にいる時に、相手が見えなくなり、その声も聞こえず、自分が誰かも分からなくなりますね。この至福的な状態は、意外と頻繁に経験されています。赤ん坊の顔を見たり、笑い声を聞いている時。そよ風の清々しさ。もの凄く美味しい旬の果物を食べた時。一番好きな音楽で感涙している時。すべて自他が消えています。そして、今が何時でここがどこで、自分が誰なのか？　分かりません。

抵抗すれば

もれなく継続！

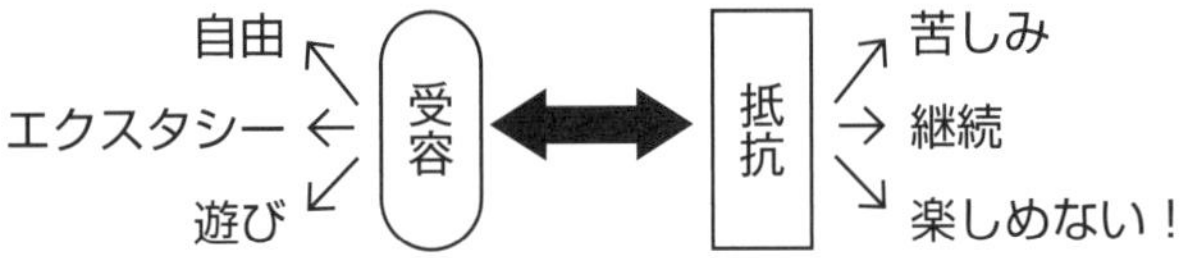

それが、まともな状態、エクスタシーの一種なのです。それが、プルシャである我々本来の姿であり、そうじゃない時は、痴呆症なのです。忘れてしまっているから。この感覚を基本にすると、そうじゃない時が不自然だと感じる時が来るでしょう。この練習は、いつでもどこでも出来ます。

大好きな友だちとおしゃべりしている時、相手が意識される場合はまだ楽しくない。相手も自分のことも忘れ去り、ただただ楽しい時間だけが過ぎている時、それは統合しています。二極に分離していないのです。周囲の人には二人に見えても、エネルギー的には一人です。息を呑むような景色に出会ったことはありますか？　そのような時、時空が消えているのです。それは、期せずして行われた「受容」。**あまりにも感動的な場合、「受容」が生じるのです。本当の「芸術」でもそれが起きます。そして、自然界の美しい草花でそれが起きる人もいます。**その人の感性次第ですが。一〇〇%集中せざるを得ないような、今に生きることを強制されるような、魅惑的な瞬間が至福なのです！

❁芸術や感動瞬間は、パラレル移動！

エクスタシーとは、そのような今に生きる、自他が消滅する、高次波動のみを感じる主体的体験。対象は引き金に過ぎません。あなたの中にある、プルシャに通じるような高い周波数、感覚がそれを引き起こします。そのような瞬間を大切にしましょう！　それには、「本物」に多く接すること。そうすると、「本物」でないものは即見分けられるようになります。**「本物」には「本物」の周波数、香りがあり、そこへのフォーカスはパラレル移動なのです。異なる人生に一瞬で飛べるのです**。さあ、結論は何でしょうか？

プルシャのエクスタシーは、自然状態。自他が消え、時空を感じず、至福と静寂と安寧だけがある。エクスタシーかピースに支配されている。それはいつ可能ですか？

オートマチックパラレル移動

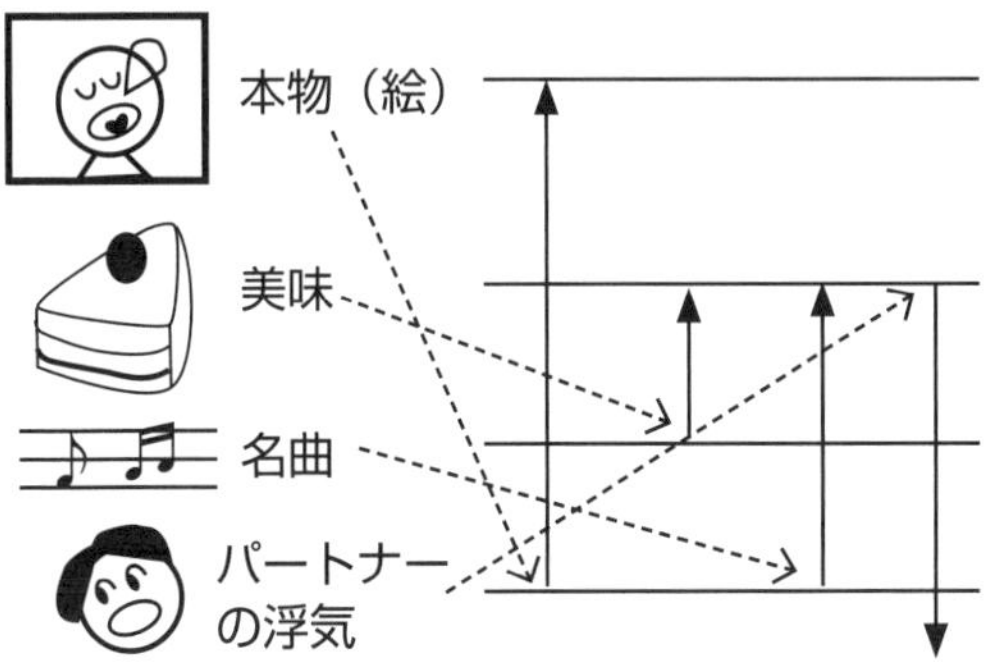

今です。他の瞬間には不可能です。頑張ってつかむことが出来ません。**今を許容、受容することで可能。今に抵抗していると、不可能。**受容すると、エネルギーが解放される。今まで、アクセルとブレーキを同時に踏んで、欲しいものと目の前のギャップに抵抗を感じ、それを埋め合わせようと消耗し切っていたエネルギーが、不要になって解放されるからです。

❁受容は空をもたらす？

私が主宰する「覚醒チャレンジ」の参加者、横田埜理子さん。母親との折り合いが悪く、シングルマザーを否定されていると思っていました。ところが、「覚醒チャレンジ」のワークの中にある「聴くワーク」をお母さんと試してみたのです。その結果、生まれて初めてと言うくらい心が通じ、お母さんは、あなたと一度でいいからこういう話をしたかった！　と感動されたそうです。では、埜理子さんがやったことは何でしょうか？　相手の話をただ聴いて、最後に有難うと言うだけでした。例えば、あなたは最低の母親だ、などと言われても反論せず、でも詫びたりもせず、ただ頷いて聞き（そうですね！　などと嘘を言ってはいけない）、相手のそのままを受け入れるのです。相手は、そう思っているのだからしょうがないのです。そして、最後に有難う！　と言いました。その結果、なぜ奇跡が起きたのでしょうか？

実は、**受容すると空の近くに行きます**。今、やってみませんか？　今目の前にある状況をそのまま受容する。今湧き上がっている自分の感情と思考をそのまま受容する。それは、なぜ出来るのでしたか？　そう、**プルシャが体験したくて出しているから。こんなことしていったい何になるんや！　とか言うのも受容します**。はい！　今してください。終わったら次です。

何か感じましたか？　そう、多くの人は、静けさを感じる、何も無い、などと答え

受容で統合ラクチンに！

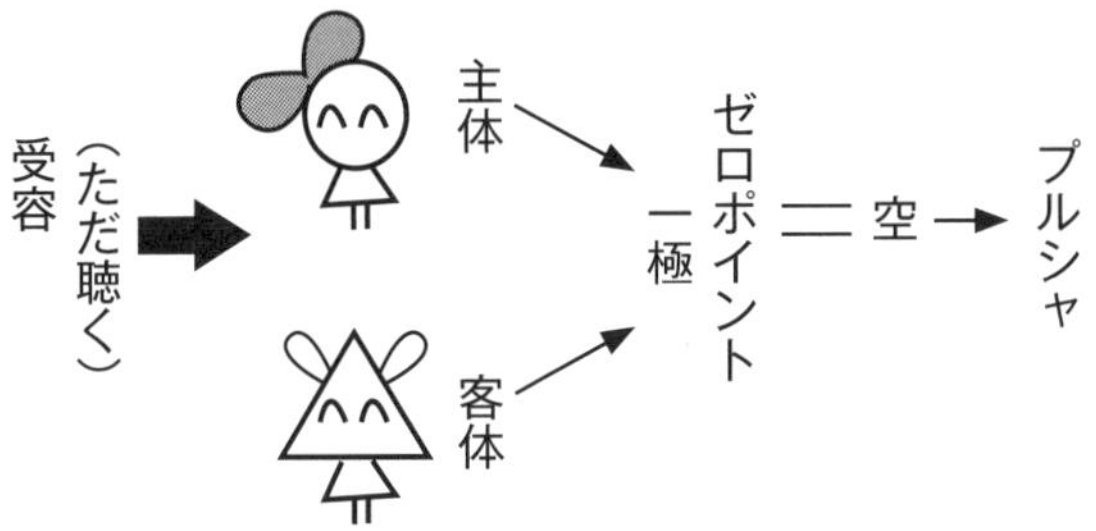

ます。そう、想念が出にくくなり、空に近付くのです。ではなぜ、相手までが変わるのでしょうか？　それは、レゾナンスが起きるからです。レゾナンスとは？

共振共鳴のこと。resonate が動詞ですが。re= 再び、行って帰って　son ＝音（ソニーの son）ance= 名詞。音が行っては戻ってくる。その間に共振共鳴します。横田埜理子さんが空に近い周波数を出したため、目の前にいたお母さんも共振共鳴して、同じ周波数になりました。すなわち、奇跡は二人同時に起きました。しかし実態は、それをも超えています。元々二者は存在しなかったのですよね？　ということは、**分かれていると思っていた二者が、受容により元に戻ったのです**。受容という愛の表現のため、実は母と子の二者が用意された、とも取れるのです。プルシャは分離前の一者なので、こんな遊びをするのです。

❁受容する人は美しい！

受容している人は、圧倒的に安らいでおり、エレガントで美しい！　一方、抵抗している人は、全く優雅ではなく、プリプリかくすんだ顔をしており、全く魅力的じゃありません。抵抗がある人は損ばかり。タクシーが来ないと言ってプリプリ怒っている中年婦人がいました。彼女はあまりにも怒っていました。それで一時間近く乗れなかったのです。が、その実態は？　五台くらいのタクシーを見過ごしていたのです！あまりにも怒っているため見えなかったのです。このように、抵抗はろくなもんじゃありません。もう一人は、緑内障の婦人のケース……。

子供を小さい時に死なせました。それを、母親の不注意と思っていました。透視能力者であり東京大学の医局を経験した吉田統合研究所の管理ドクターが見たところ、本人の責任ではない。しかし、本人は自分を許せないため、どんどん視力が落ちていました。分厚い眼鏡でも、視力はあまり無かったのです。霊能者も、あなたが悲しんでいると霊界のお子さんが苦しみますよ、とまで言いましたが、聞き入れようとしなかったのです。当研究所では、緑内障は全く問題ではありません。ところが、彼女はすべてのアドバイスを振り切り、来なくなりました。さて、彼女のケースは何が原因でしょうか？

自分が悪かった、という観念、それが「抵抗」になり、そのために暗い顔をしていました。そして視界はなおさら暗くなっていたのです。**「抵抗」があると、その状況から抜け出せなくなります。「抵抗」＝「継続」だから。**これは、後のパラレルワールドでも詳細します。

一方、末期ガンだった三〇代の女性がいます。あまりの激痛に、人前でもよく倒れて気を失っていました。それがある日、同僚たちに言ったのです。「あのー！　私、治ったから」。皆、は？？　という感じでした。しかし、それっきりガンは無くなったのです。彼女が何を受け入れたのか？　定かでありません。しかし、少なくとも、今の状況への「抵抗」をやめた。仮にそれが諦めだったとしても、「抵抗」が落ちます。そのことについて考えなくなりますから。この完全治癒を経験してから、彼女の人柄と人生はまるっきり向上したことが予想されます。ガンを患わなかった場合と比較したら、明らかに、体験して良かったという状況に。ガンにも意味があるのです。受容の結果、人は美しくなります。さて、「受容」に役立つ一つの事実がありますが、何だと思いますか？

❁この宇宙には、全く間違い無し！　ならばどうなる？

この世には、間違いが一つもありません。信じられますか？　正しいことと間違ったことがあるんじゃないの？　いいえ。もし、あなたが生まれてからずっと、間違いがあることを教えられなかったら、どんな人になっていたのでしょうか？　どんな悪事をしでかす極悪人に、あなたはなったでしょう？

いいえ。反対です。自由奔放ではあるが、ネガティブな言行を行わない人になったでしょう。なぜ？　悪いと教わると、それをしたくなるからですか？　それも言えます。やってはいけない、考えてはいけない！　と聞けば聞くほど、それは実現しやすくなります。なぜなら、「抑圧」が起きるから。**「抑圧」された感情は三倍返しになり**

これほど要らないものは無い！

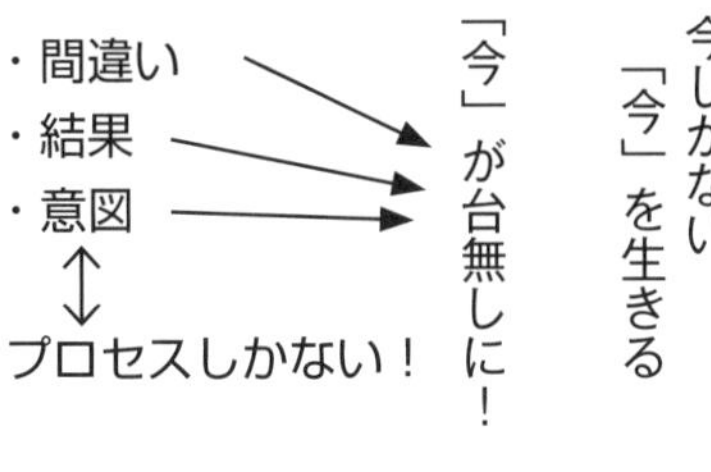

ます。覚えておいてください。三ヵ月とか三年後に、三倍の大きな感情となって、または病気となって返ってきます。そして強い感情が、良くない状況を実現するのです。しかし、もっと本質的な理由があります。

間違いが何も無い！　と分かると受容が起きるのです。あなたがいつも駆り立てられているのは、なぜですか？　何かどうしてもやらねばならないことがあるのですか？　それをなぜやらねばならないのですか？　今のままじゃ何が悪いんですか？　そう、何かが悪いと思っているのです。もうちょっと収入を増やさねば。業績を上げねば。ウエストを三ｃｍ減らさねば。パートナーにゴミ出しを仕込まねば！　風呂掃除もまだだが。ではもし、何一つ間違っていないとしたら、あなたの行為はどう変化しますか？

何かしなくてはならない！　という理由では動かなくなるでしょう。即座にしなければ！　も無くなるでしょう。起きてくることに、いったい抵抗するでしょうか？　何も間違いが無いなら、誰が何のために抵抗するのでしょうか？　そう、間違いが無いと、自然に「受容」になるのです。そして、**自主的に何かをしなければ、も無くなり、「私」が感じられなくなり、自分が「やり手」ではないから、みじめさや後悔もありません。そう、何かのために、が無くなるのです。すると、残りは、ただ美しさのためだけに生きるようになります。**自然に流れて生きる！　という美そのもののような生き方になります。ただ、起きるがまま、未知なるものが生起するままに、子供のように。それは、美しい生き方です。　改めて、この宇宙に間違いはありますか？

ありません！　全宇宙が自然現象。プルシャが体験するためにイベントを創り出す宇宙では、すべて必要なことだけが起こります。仮に、細胞破壊が起きたとしたら、それが無いと新しい細胞が育たないからです。人間の浅知恵が後退すると、宇宙で起きていることには、間違いが無い。だったら、勝手に捏造した間違いのため、抵抗を強くして、「私」意識を強化し、問題が無い人生に問題を山積させてきたんですね。

大変お疲れ様でした！　この宇宙には、間違いが何一つ無いならば、すべきことは全く無く、生命の自然発生的な自由だけが残るのです。

やりたい時にやりたいことが出来ない文明は低次元。高次宇宙の社会はすべて、各自が毎瞬一番したいことをしているがゆえ、一〇〇％機能しているのです。

スペシャルな美に満ちた地球存在

美しいものは、本当に素晴らしく、生きていることが大変幸せに見えてきます！
ここでは、いくつか例を挙げてみましょう。八重の桜、ラストサムライ、永遠のゼロ、ニレジハージで……。

八重の桜の美

二〇一三年に大ヒットした大河番組、八重の桜。綾瀬はるかの出世作です。幕末最大のドラマとも言われる会津藩の悲劇を前半に据えています。女でありながら鉄砲隊を指揮して会津を最後まで守り抜こうとした山本八重。悲劇的運命の中に置かれた純粋で強い光。会津の運命と八重の純粋さがぶつかる発光から、いったいどんな美が出現したか？

会津藩は、将軍徳川家を支えて命を懸けることを藩訓とし、愚直なまでに自らの誠を貫く藩でした。幕末に、誰も引き受け手が無い京都守護職を、徳川宗家の頼みで引き受けました。その結果、薩長などの恨みを買い、信頼を得ていた孔明天皇の死去も重なって、朝敵の汚名を着せられます。新選組も会津藩の傘下で、薩長と敵対しました。大政奉還で幕府は退きましたが、薩長は朝敵として会津を許さず、会津は滅亡を避けるため恭順を願い出たにも拘らず、新政府軍は会津に攻め上って来ます。綾瀬はるか扮する八重は、それまで女性が許されたことの無い鉄砲を操り、鉄砲隊を率いて新政府軍を迎え撃ちます。結局、会津は完敗し、その後の会津の数十年にわたる苦難の成り行きは、歴史が示すとおり。

誰の目にも勝ち目が無い会津。しかし、その会津を滅ぼしに来るやつは許さない！として、絶対諦めない八重。**会津という歴史上稀なドラマ（悲劇）の舞台。そこに、光のように明るく純粋、しかも強い心を持つ八重。この二者がぶつかり合って発光するエネルギーに美を見出す世界が「八重の桜」だったのです。**城を守るため、父親と共に城に入りたいと言う八重を、周囲すべてが全力で止めます。そこを突破して登城した後も、家老らから、女が戦場になど戯《たわ》けたことを！と一喝されます。しかし、八重は、「鉄砲と戦いの仕方は一番知っている、自分を使わないことは、会津が戦いを放棄したことになる！」と言って一歩も引きません。その時の目の気迫とオーラが、見るものを感動させるのです。そして、男侍たちもウンウンと頷いた。八重のやり方は、シンプルに言えばゴリ押しです。なのに、なぜ説得出来るのでしょうか？

それは、**そこに愛と気高さと美があるからです**。故郷会津に対する愛。そのために、あらゆる反対をものともせず、命の危険を顧みず立ち向かう八重。

美と愛は、姿を変えて！

私のウクライナの友人が言いました。どんな戦争も争いも、大嫌いで見るのも嫌だわ！　と。私は、必ずしもそうかな？　と思いました。置かれたその場で、やるべきことは全く違います。もし、目の前で子供が殺されそうになったら、争いが嫌いだからでは済まないでしょう？　自分の子供が悪の道に入ろうとしていたら、横っ面の一つも張らないですか？　**置かれた場所で、正義、いいえ光の現れ方は違うのです**。もし、高次元存在が、日本の戦時下に生まれたら、祖国日本を守るために戦わないとは限りません。そして、おそらく強いでしょう。愛の力が大きいから。また、その多くは戦いを経験したことがありません。いつも平和の中にあり、負けるという観念が無いため、実際に無敵だったりします。負けることを知らないからです。

さて、八重の桜に戻りましょう。すべては、マトリックスなのです。実際はホログラムであり、実際には起きていませんが、そのマトリックス、パラレルにいる限り、それは現実です。むしろ、自分が明らかにしたいことが起きているのです。それを回避したり、逃避したら、決して美しくはないのです。

他の進化した星では、このようなコントラストな体験はなかなかありません。なぜなら、悲劇が経験出来ないから。高い周波数の星では、闇が希薄だから、高次元の光（生命＝プルシャ）が闇の中でどう光の本領を発揮するか？　というチャレンジは起きないのです。

固定観念は、無意味なの？

意味はありませんが、無意味ではありません。**観念と意味付けは、同じことです。**

それがパラレルワールド、マトリックスを生みます。

確かに、八重の桜の舞台は、一マトリックス。一パラレルワールドです。このドラマの底を流れている観念には以下のようなものがあります。

ならぬことはならぬ。恥になるようなことは一切してはならぬ。殿様や藩を守ることを第一義にせよ。生き恥をさらすより、自決せよ！

今の若い方が聞いたら、何と古い考えか？　と驚くかもしれませんね？　しかし、**その大元は神、ないし真理に対する献身から来ています。高きものへの献身がそうさせのるです。**当時のマトリックスにおける献身や愛がそうさせたのです。

イエス・キリストは、十字架上で磔になったと言います。その真偽はさておき、それ以前マハビーラなどの聖者たちも、十字架上で死に、イエスの弟子たちも逆さ磔などで殉教してます。そして殉教者には聖人が多いです。これは、いったいどうしてでしょうか？

過去のマトリックスにおいて、高次の存在（魂）は、磔で死ぬことが美しかったからです。だから聖者は、悲劇的な死を迎えることが多く、それは明治維新の吉田松陰、坂本龍馬、西郷隆盛にも通じます。では、悲劇的だから良くないのですか？

いいえ！　その時代の観念の中では当たり前でした。その時代の聖者が老後も、のうのうと幸せを享受していたら、その教えは人気が無かったのです。だから、仮にイエスが十字架上で死んでいなかったとしても、口には出さなかったかもしれません。布教に差し障るから。

八重の桜の八重は、その後、日本初の赤十字の看護婦のリーダーとなり、敵味方の区別無く負傷兵を助けました。その時その時、目の前にある、愛を注ぐべき対象に全身で自己を滅し切った八重。その結果、国賊の汚名を着た会津の女でありながら、日本初、皇族以外で受勲した女性が八重だったのです。**「私は、決して諦めねえ」が、八重の口癖でした。**

この八重の桜。会津藩の運命という大変重いテーマでありながら、私も一気に見てしまえた訳は、八重のその純粋な生命としての明るさと気高さだったのです！

生命の美【ラストサムライ】

大義に生きる侍の英雄、勝元（渡辺謙）と、アメリカ軍人オールグレン（トム・クルーズ）を描いた映画です。二人は、英語でカンバセーションしていました。

日本人の特性として、そして武士道の生き方として、すべての中にある命を尊重し愛でる。倒す相手の中にも命がある。そうと分かって、宿命で戦わねばならない場合は、命を懸けて戦う。ラストサムライでは、明治維新後、誤った国の采配をする新政府に対し、かつて天皇の師であった勝元が抗議し、彼らをつぶしに攻め上って来た政府軍を、迎え撃ちます。**機関銃など、圧倒的な優位にある政府軍に対し、自らが信じる大義のため、命を顧みず一歩も退かないで戦う。全滅間近であるにも拘らず、諦めるものは一人もいない。**そして、新式銃の前に全侍が標的となり、勝元も落馬します。最後のとどめは、自分自身が。しかしもう手に力が無い勝元は、オールグレンに力を貸して刺せ！　と言います。二人は、「もう、カンバセーションも出来なくなるな！」とにっこり笑い、そして一気に刺し貫きます。勝元の目には、故郷の桜が映っていま

ある意味十字架にかかった
吉田松陰

した。実は、この一部始終を、敵側の政府軍が見ていました。そして一人また一人と頭を下げてゆくのです。そしてとうとう全員が土下座したのです。日本人とは何者か？　かつて、スリランカの革命家である友人とこの映画の話になった時、彼は「何度見ても見足りない映画だ！」と言っていました。

究極の愛【永遠のゼロ】

ふとしたことから、主人公の青年は、自分の祖父が戦時中どういう人であったか？　を調べました。ゼロ戦乗りとして、最高の技術を持ちながら、戦闘では安全圏にいて命を惜しんだお祖父さんの久蔵。実は、日本に残してきた妻と娘の前に、生きて帰るためでした。彼なりの純粋な愛だったのですが、戦時下日本の「お国のために命を捧げる」という価値観とは全く矛盾しています。彼は生き残るために、飛行技術を鍛えましたが、命をムダに無くさないことは、部下にも徹底して指導した結果、上司からバッシングを受け、ひどく殴られもしました。しかし、部下たちが、自分より先に特攻隊に志願し、敵の弾丸により海中に没してゆく毎日に苦しみます。そして、とうとう彼は、**部下への愛と家族への愛に苦悩した結果、死を選びます。**故障がある自分のゼロ戦に部下を乗せ（途中で不時着し帰還する可能性がある）、必ず死ぬことになる正常な飛行機に、自分が乗りました。その部下に家族に託した手紙を渡し、彼は、特攻隊に出動します。通常、ゼロ戦が突っ込んでも、多くの場合、優秀なレーダーを搭載する米軍空母から撃ち落とされ、爆死します。しかし、久蔵の人間離れした飛行技術により、すべての弾丸を潜り抜け、空母の心臓部に落下するのです。

　久蔵は、その直前にうっすらと笑みを浮かべていました。そして、ぶつかった瞬間「永遠のゼロ」というタイトルが現れて、映画は終わります。彼は、ゼロに戻ったのです。

前記の例は、**命を賭して、信じるもののため、大義のため、愛のために殉じるという点が共通しています。**それらが大変美しく、崇高なのです。しかし、このような設定＝マトリックスは、他の星で可能なのでしょうか？　ほとんどの星では不可能かもしれません。地球ほど、次元と密度が低く、ネガティブな周波数に影響された結果、攻撃、戦い、自死などが体験出来るマトリックス。地球でなければ、利用出来ないアトラクションと言ったら、不謹慎でしょうか？　自分の命の危険を超越して大義や愛に殉じる。このような経験は、地球以外では出来ないのです。だから、尊いのです。

かつて、ラムサ（二五〇〇〇年前、アトランティスに存在した聖者）はこう言っていました。

「私は、あらゆる天界（宇宙）を旅したが、この地上で暮らした人生ほど荘厳な美しさに彩られた世界は無かった！」と。彼は、何一〇万という人を殺し、戦争というものを創った人です。一度も転生せずにアセンションしたと言われています。**この命懸けの、いつ死ぬか分からない、自己が滅するか分からない地球。ここでのドラマが**

貴重なのです。これが愛の表現の最もユニークな形態なのかもしれませんね。

神聖なる狂気ニレジハージの世俗と聖

史上最大のピアニストは誰？　ニレジハージと答える人はいます。一九〇〇年代前半、モーツァルトの再来、リストの再来と言われ、作品二〇〇〇曲を残しました。かつて私が高崎の大学の研究員だった時、ニレジハージの曲を友だちが弾いてくれました。当時彼と唯一の交流がある大学で、スコアがあったからです。決して忘れられない曲が「レクイエム・オブ・ライフ」。一時間半ほどもかかるピアノの単楽章ソナタです。途中でトイレにも行けません。何しろ膨大なエネルギーを持つピアニストとしてのニレジハージは、その演奏におけるフォルテッシモが通常ピアニストの一〇倍。そしてこの作品は、休み無しで一時間半かかりました。

「レクイエム・オブ・ライフ」は、ベートーヴェンやブラームスのような一九世紀の書法で作曲され、たくさんの個性的なメロディーが入れ代わり立ち代わり、そして

ニレジハージ

転調が転調を重ねて登場します。あまりに深い音、深遠で大自然を、または宇宙を感じさせる響き。明るいメロディーは二か所だけ。後は、悲劇的で深い世界が展開してゆきます。しかし、全体を聴いて感じたのは、その途方もない美しさ！　特に忘れられないのは、ごく単純なメロディーを無限に近く転調してゆき、深い和音で繰り返されたその頂点で、突然そのフレーズがトレモロで崩れ去るシーン！　人生の最も感動的で崇高な瞬間でした。その一瞬、全宇宙がエクスタシーの中で崩壊してゆきました。この曲が、ベートーヴェンの第九交響曲を超える唯一の作品だと確信させるほどだったのです。この曲が知らせてくれたのは、命とは芸術であり、絶対的に美しい！　ということです。

ポイントは、ニレジハージの哲学にあります。彼が好んで演奏した作曲家にヴェルディやプッチーニがあります。彼らのオペラを即興でピアノにして弾きました。あまりに強烈で熾烈なフォルテッシモと、輝かし過ぎる高音がほとばしりました。さて、この本は次元上昇を語っていますが、これらの音楽は、波動が高いのでしょうか？

彼らのオペラは、概して一般人の熱情や情熱など、世俗的な感情を表したものが多いのです。一方、波動が高いと言えば、バッハやベートーヴェン、ヘンデルなど。しかし、ニレジハージはこう言いました。

「**テンションの高さは同等です。世俗的な感情もそれを信じている人にとっては、神聖なるものなのです**」。

あなたは「体験」自体である！

そう。波動の高さが問題なのではありません。波動は世界を創りますね。すなわち、ある周波数があるマトリックスを創ります。**そのマトリックスを信仰し、すなわち愛し、フォーカスした場合、その範囲の内部で存分に生きること。それが美ではないのでしょうか?** もし、世俗的な愛憎問題に一〇〇%フォーカスした場合、そこには愛が、美が現れます。逃げていたら現れません。また、こんなこと不謹慎じゃないか?とか悪いことじゃ? 人にどう思われるか? とか考えていたら、美の一切は逃げてゆきます。このマトリックスは誰が創るのでしょうか?

そう、プルシャが創るのです。決めたのはプルシャです。それをあなたに体験させているのでしょうか?

いえ! 違います。プルシャがあなたに入って体験している、のです。体験しているこの世界の枠組み、それがマトリックスですが、それは地球的なマトリックスですか?

いいえ。一人一人違うので個人的です。じゃ、個人的なマトリックスですね?

いいえ。個人も、本当はいません。体験が毎瞬、体験として出現するだけなのです。

誰がやっているの?

それはプルシャです。では、マトリックスとは、何のマトリックス？

はい。**「今」自体のです。「体験が体験する」この宇宙において、今、ここで出現しているのが、このマトリックス。一秒で終わります。**次の一瞬はまた新しいマトリックス。


前記数例の特殊なマトリックスは、皆その中で遊ぶ映画の場面設定。**体験する人は無く、あなたは【体験】そのものなのです。唯一無二の体験が、今の瞬間現れています。それは、プルシャが決めて体験する唯一無二の体験で絶対。その体験を一〇〇％生き切ることが美しいのです。**ヴェルディのような世俗的な感情を大切にするフォーカスが作る人生では、そのマトリックス特有の美が体験出来ます。戦時下の特攻隊におけるマトリックスでは、葛藤の末に生死を超越することが、最上の美と愛の表現だったのです。八重の桜では、愛する会津を守るためには女でも戦う、親を始め周囲すべてに反対されても、込み上げてくる命の衝動に従う「大和魂」。自分が置かれたマトリックス（パラレル）、そして体験を一〇〇％受け入れ、そして生き切ること。

それが美なのです。

美醜ってどこが違うの?

周波数！　初期設定の美

五二八ヘルツが響いている人は美しい。どういうことでしょうか？　**五二八ヘルツは、太陽が持つ最も生命力に満ちた周波数、と同時に愛の音。人を愛した時のあのホッコリした周波数です。**さらに、五二八ヘルツを使うと、ホルフェリンという高分子化合物が出来、それがクロロフィル（葉緑素）とヘモグロビン（赤血球）になります。クロロフィルは、炎症を消す効果があります。炎症は、ガンを始めすべての慢性病の原因であり、老化の原因でもあります。それが減ります。血も綺麗で豊かになるから、全身が強く綺麗になります。研究所のヒーリングウェーブというテクノロジーでは、顔が小さくなり、ウエストが締まり、色が白くなった女性がいました。どんな周波数を使ったのか？　「腸美容」と「血液浄化」という周波数でした。すなわち、五二八ヘルツが多く響いていれば美しい。それは愛の波動ですから、愛が豊富なら美しくなるということです。

愛するあなたは

太陽の恋人！

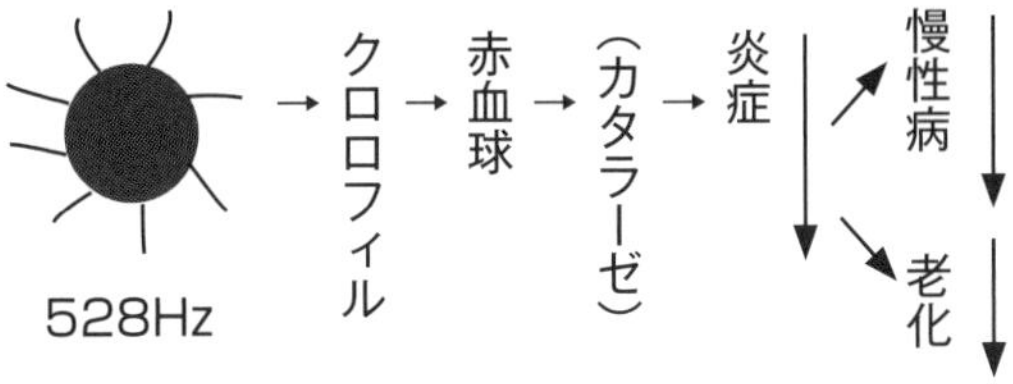

愛は、老化させません。老化の原因は、東京大学が突き止めたように、慢性炎症。その炎症を無くすのが五二八ヘルツ。五二八ヘルツは人を愛した時の波動。と言うことは、愛は炎症を止める、すなわち、愛は老化を止めるのです！　自分を、そして人を愛してください！　すると、ガンも消えやすいということ。愛が大きければ、ガンにもならず、老化もせず、全身が若返ります。なぜなら、ＤＮＡの寸法がピッタリ五二八ヘルツで振動するように出来ているから。ですから、美しくなりたいならば、愛すること、愛することなのです。ちなみに、五二八ヘルツが創り出す神聖幾何学ホルフェリンに酷似する家紋を、大河番組で見付けました。坂本龍馬と勝海舟。いったいなぜでしょうか？　直感、霊感が優れている存在は、自然に神聖な形を選ぶ可能性があります。

原始還元水の燃費向上

「原始還元水」とも言える縄文神聖水では、スカートがユルユルになる人がよく出ます。それは、酵素が影響するからです。エネルギー的に原始時代の水に近いため、五大元素が影響。酵素が最も働く消化管の中を、水が潜ってゆくので、代謝（消化）が適切に起きます。アーユルヴェーダで言うように、未消化毒であるアーマが出ない。逆に、最高品質の肉体パーツが構築されます。肌も潤って魅力的になるでしょう。縄文水で人体の燃費が良くなると、スリーサイズや顔の美に繋がり、はつらつとした張りと艶が出ます。そして、代謝不全の結果である、おならや加齢臭が出ない、という訳なのです。大手車メーカーA社の山梨代理店で、車に入れたら二九・八％燃費が向上しました。**車と人体の両方の代謝に影響した訳です。これが、代謝の美です。**

スリーサイズバランスは内分泌で！

ボンキュッボン！　は火のバランスで

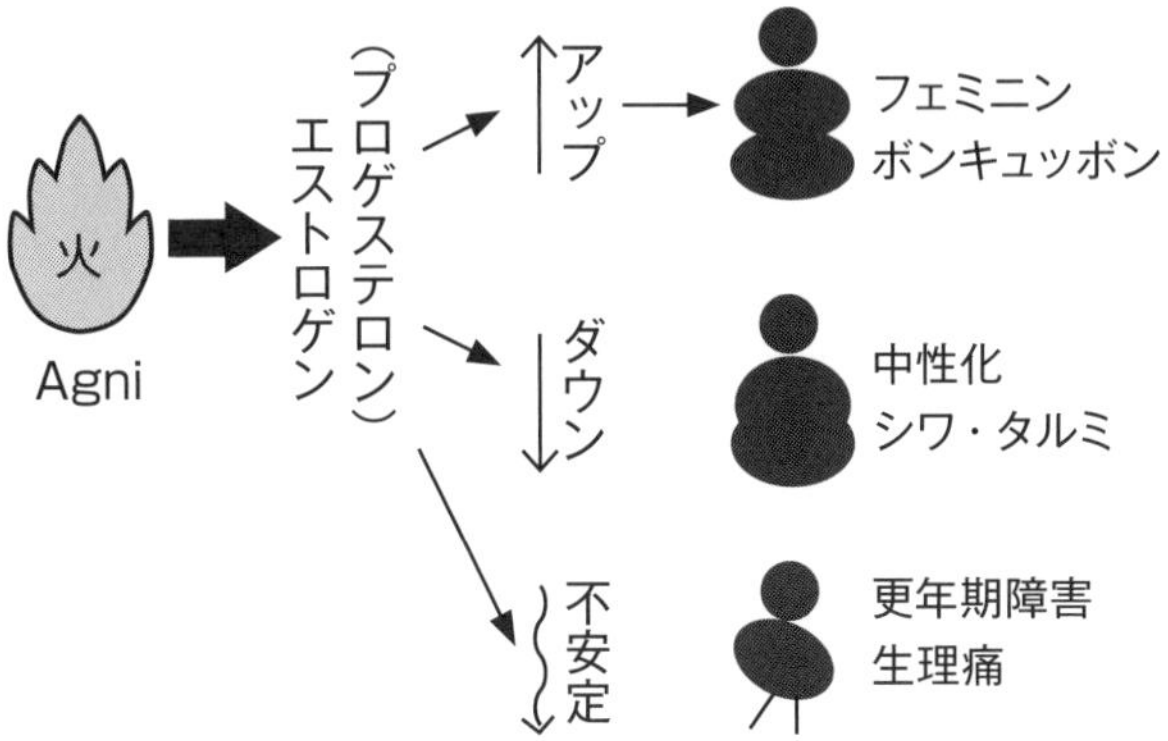

ホルモンは、「火」です。内分泌で、酵素の仲間。**この宇宙においては、「火」がすべての宇宙代謝を行っています。特にホルモンの中でも性ホルモン、エストロゲンなどは、美を司ります。**若い頃は、エストロゲンがバンバン出ているため、スリーサイズがボンキュッボンになります。ピークが二七、二八歳。頑張っても三三歳。その後徐々に低下してゆき、クビレも無くなって、たまご型に近付いてゆきます。そして、閉経期を迎えると一〇分の一に減ってしまうのです。かつてボンキュッボン！　だったのがサンキュッパ！　くらいになり、あまり価値が無くなってしまうのです。普通はそれで終了ですよね。ところが、ある微生物の力を借ります。

研究所のラボには、飯島謙一教授からもたらされた微生物の培養液があります。教授は、微生物にプラスチックまで食べさせ、生ゴミから電気を発生させる世界的微生物学者。その発酵した培養液を肌に送り込みました。通常、バリア層を抜ける技術はありません。だからコラーゲンもヒアルロン酸も、実際には入らないのです。入っていると言う化粧品メーカーはありますが、証拠は全くありません。しかし、この技術ではアミノ酸をキレート化することで、バリア層が騙され、皮膚の下部組織に導き入れている可能性があります。このホルモンが、コラーゲンとヒアルロン酸を創り出すのでしょうか？　エストロゲンの局所復活が？　答えは言えませんが、飯島教授の発酵物は、胸を三ｃｍアップさせ、または大きくさせた実績があり、ミスユニバースの指定店などで密かに使われてきました。吉田統合研究所では、これに加えて、周波数三〇種類を入れ込みました。そして、この最終的テクノロジー「大地の精霊」は、全く違う次元に達しています。

顔の左半分に塗ってみると、すべての人の左顔の幅がどうなると思いますか？　右とは全く異なるのです。「プチ整形したの？」と聞かれた人もいました。しかし、もう一つ面白い現象があります。パートナーとの仲が良くなると言うのです。大変気持ち良くなった、と多くのレポートが届いています。エストロゲンが、数値的に復活しているという証拠はまだつかんでいませんが、二人の喜びの深さに驚嘆しているのです。ここでは、外見、華やぎ、そして男女の関係がより美しくなったと言えるでしょう。**ホルモンとは、全体性の調和を創り出すバランサー。それが適切に出だすと、若き生命エネルギーが復活し、全身にわたる美は輝き出すのです。**

義務と必要性を超えた美

この宇宙に必要性はありません。義務もありません。元々、宇宙自体に目的が無いのです。なぜでしたか？　そう、プルシャは最初から存在し、永遠に存在し続ける不変の実在だから。あなたであるプルシャは、決して死なず、何も失われません。だから、必要性が無いのです。でも、神との対話によると、宇宙には無い「必要性」を地球人が捏造した、と書いてあります。この「必要性」から、ありとあらゆる幻想のす

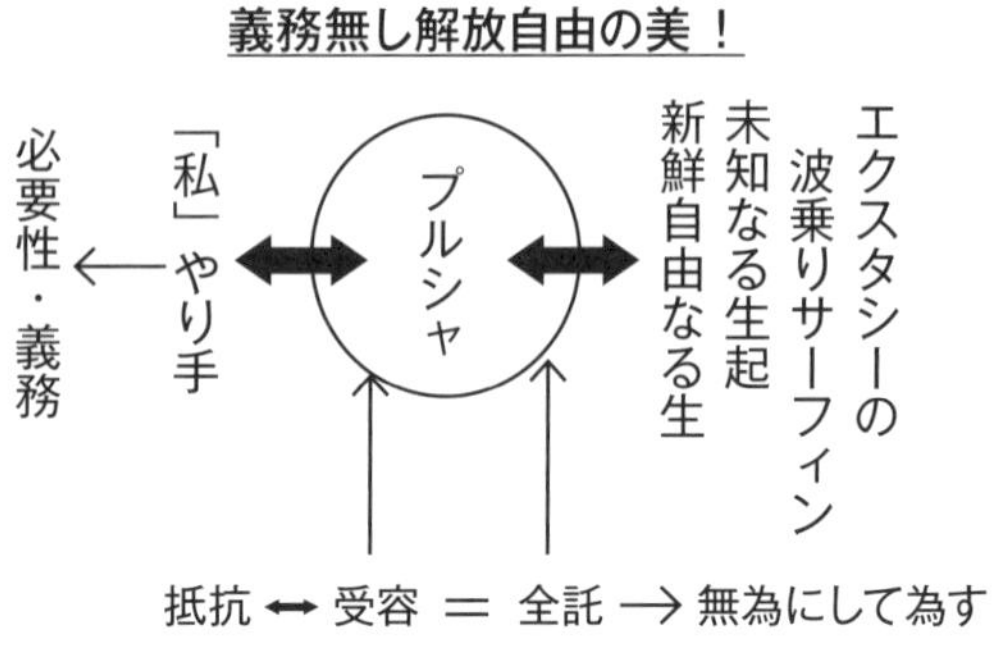

べてが出現し、人類を苦しませている、と。けっこう、まずいもんっすよね？　「必要性」。

必要性、義務感で生きていると醜く、必要性無しで生きると美しい。今の地球人は、もとより大半が前者です。人間生活では、義務を果たさねば生きられないではないか？　という方もいますよね。しかし、進化した星では皆、内催しのまま、無為にして為しています。無為にして為すは、老子の言葉ですが、こうしようああしようと思ってするのではなく、宇宙がやりたいように自然に為していることを言います。こうしよう、ああしようとするのは、「私」「やり手」幻想で動くことですよね？　そうでないことが、無為にして為す。それが美しいのです。自然や宇宙や周囲とも、完全に調和するから。もし頭で考えて、周囲環境と調和して生きようとすると、道徳や法律を作って縛ることになります。しかし、**人間も高次元になると、一番やりたいことをやることが最も世界に貢献する！　という生き方になるのです。**では、いったいどうしたら？

そう、「私」が去ればいいのです。「やり手」という幻想から覚めれば。どうして「私」が不要なんでしたっけ？　そう、プルシャ以外は何もやっていないから。元々「私」はいません。でも、ここで屁理屈を言う方がいます。確かにプルシャは一つって知ってるんだよね。でも、ここは三次元で、肉体人間は神から自由を与えられ、自分が決めたとおりに世界が操れるんだよね。うまくいってもまずくいっても、その人間の意志だからね。まっ！　三次元に生きてるんだから、それでしょうがないじゃん？　はい。あなたならどう答えますか？

宇宙には、そもそも次元はありません。三次元や五次元と言うものが最初からあるのではなく、視点の違いを言っているだけ。三次元にいるのだからしょうがない！と言う意見ですが、全員同じ次元にいます。実は、ここはすでに多次元なのです。多種類の次元が同居しており、あなたの周波数に応じて、どれかの次元の体験が現れるだけ。チューニングですね。ＮＨＫに合わせるか？　テレビ東京に合わせるか？　で何が見えて来るかが決まります。

◎あなたはおらず、「体験」自体があなたであり「未知なる生起」！

次元は元々無い。だから、次元上昇してからそうなるとか、現世では無理だとか、はあり得ません。この場で選択を変えられるのです。

「私」を信じ込んでいれば、醜い活動と顔にしかならない。表情にエレガンスが無いのです。一方、「私」「やり手」幻想から覚めれば、放っておいてもすべての言行が調和的で美しくなる！　それだけです。さて、この人にとり、毎瞬間はどう変わると思いますか？

「未知なる生起」になります。すべて、何が起きるか？　予想もつかない宇宙で、毎瞬間を赤子のように楽しめるのです。すべては何が生起させるのでしたっけ？　そう、プルシャでした。ではプルシャって誰？　そう、本当のあなたでしたね。すべてあなたが決めてはいるが、全く忘れ切った状態で、未知なる生起として毎瞬を楽しむのです。あなたが「未知なる生起」なのです。あなたの外見が美しいというレベルではなくて、すべてのすべてが美しくなるのです。

松陰の大和魂

明治維新については今、評価が変わりつつありますが、ディープステートたちから見るのと、勤王の志士から見るのとでは光景は逆になります。幕末の志士らがもし立たなければ、欧米列強、まさにディープステートたちに牛耳られるリスク大だった幕末。それをしのいで日本を救ったのは確かなのです。彼らの目を覚まさせた一人が吉田松陰でした。彼は、長州藩に生まれ、幼くして藩主の師を務めるという秀才でした。しかし、持ち前の洞察力と正義心が強過ぎ脱藩しました。当時は死罪に値する脱藩をなぜしたのでしょう？　当時、あの大きな中国が英国の支配下に入っています。日本にも西洋列強の脅威が迫っているのに、日本人は、まだ誰も気付いていない。そこで、松陰は全国の海岸を点検して防備に備えようとしました。さらに黒船に密航も図り、捕らえられた松陰でしたが、獄の中で絶望に打ちひしがれていた囚人たちを説得します。そして、各々が先生になったのです。あなたは得意な和歌を、あなたは習字を、という風に。やがて、松陰は釈放されました。その時彼は、中に残った囚人たちがいかに優れているか！　と説得。その結果、何と多数が釈放されているのです！　世界の法制史上全く類を見ない奇跡と言えます。しかし、松陰の日本を変えたい、守りたいという情熱は抑えることが出来ず、再び幕府に捕縛されます。最初は遠島（島流し）程度の刑でしたが、何と松陰はとんでもないことを口走ります。間部老中を自分は殺害しようとした！　と。なぜ、こんなことを言ったのでしょうか？

西洋列強の脅威はどんどん迫って来ているのに、幕府も、自分の弟子を含めた若者たちも、必要なことをせず、自分は牢に閉じ込められて何も出来ない。そこで、**自分が死ぬことで、人々を目覚めさせられるかもしれない、と踏んだのです。**そして、刑場で果てました。そして、両親への愛をつづった歌が……。

親思う　心にまさる親心　今日のおとずれ（知らせを）何ときくらん

松陰が討たれた日、親の枕元に松陰が立ったそうです。春風のように晴れやかな顔をしていたと。それを見て、松陰は、春風のように討たれたのだ、と分かったそうです。松陰の自己犠牲の結果、坂本龍馬、西郷隆盛など日本中の若者が目覚めました。特に、先駆者にこういう死に方をされたなら、彼らは黙っていられなかったのです。松陰が教えていた松下村塾の弟子たちの大半が、明治維新で殉死しています。久坂玄瑞、高杉晋作などなど。彼の三〇年の人生のピークはほとんど獄中にありましたし、最後は斬首されていますから、その人生が成功だったと、本人も思わなかったでしょう。しかし、そういう問題ではなかったのです。彼の代表的な歌です。

かくすれば　かくなるものと知りながら　やむにやまれぬ　大和魂

大和魂とは何でしょうか？　大義に殉じることでしょうか？　そうも取れます。しかし、より本質的には、突き上げてくる真の情熱で生きること、それが「大和魂」です。プルシャから直接送られてきます。宇宙のクリエーション行為なのです。止めることは出来ません、松陰のような人には。では、他の人がやめてしまうのはどうして？　そう、「私」が強いからです。こんなことして、損じゃないか？　味方が少な過ぎる。どう思われるだろうか？　後が大変になるぞ。などと思うのは「私」の人生という観念に縛られるからであり、「やり手」である「私」は、今までも痛い目を見放題でしたから、怖気付くのです。では、松陰はなぜ、大和魂に殉じられたのでしょうか？　学問と武士の修練そして彼自身の初期設定により、純粋なプルシャの波動にリゾネート（共振共鳴）する習慣があったからです。ですから、その生涯は美しくなるのです。現代日本の教育者には、松陰を師と仰ぐ人がたくさんいます。それは、その教育方針でなく、生き方が美しいからです。ちなみに、**教育とは知識やノウハウを教えることではありません。教師の存在する周波数が、生徒たちにリゾネートし、生徒らの中からその高い周波数を引き出すことなのです。**だから、優れた教師はそこにただいれば良いのです。さて、まとめてみましょう。

◎大和魂＝情熱は、欲望の反対

吉田松陰の素晴らしさは、大和魂に殉じた点だ。彼の中では、宇宙から来た情熱、瞬間の自然状態が込み上げている。自然な情熱に従うことほど美しいものは無い。大元から突き上げてくる情熱に従っている。それは欠乏感とは違う。

欠乏感と情熱は全く反対。欠乏感は欲望となります。自分が「私」だと勘違いしたため、宇宙自体で宇宙大であった自分から、豊かさの大半が宇宙に持ち逃げされました。そこで、貧しく弱くなった「私」を守るため、自己保存本能が働き「欠乏感」を埋めるための「欲望」に駆り立てられるようになりました。しかし、いくら努力してもムダです。金が欲しい、痩せたい、イケメンが欲しい、など大半は達成されず、達成したところで、三日後には違う欲望のとりこになります。なぜだと思いますか？

「欲望」の元の「欠乏感」の原因が、「私」幻想だから。セレブになっても、いい男を捕まえても、チャネリング出来るとか霊能力が上がったとしても、何の解決にもなりません。本丸の「私」幻想が去らないから。一点をそこに絞りましょう。

サイマテクス（音響療法）的な美とは？

初期設定の周波数は美しい。飲み過ぎた周波数は醜い。飲み過ぎた翌日、目がはれぼったく、生気が無く、胃が痛く、デートには向きませんよね？　初期設定の肝臓は、元気で、毒の解毒が上手です。が、アルコールを摂り過ぎると、機能が低下。ちゃんと働けなくなって、前記の不調が。ついでに、白髪と視力低下も起きやすくなります。

さて、そこでウコンを食べると、改善しますよね？　なぜか知っていますか？

ウコンの周波数が、肝臓が正常な時の周波数と同じだから。**ウコンが体内に入ることで、二者が共振共鳴を起こし、肝臓が初期設定の周波数を取り戻すから、良くなるのです。実は、治療とはこのことを言っているのです。**ひと言で言うと何でしょうか？

そう、「周波数の初期設定化」。長年生きていると、周波数がズレてきます。ズレ過ぎを病気と呼んでいるのですね。そして治癒とは、初期設定に戻ること。現代の薬漬け医療とは異なり、二〇〇〇年前のスリランカではハーブティーが中心でした。コー

マナーズ博士

ヒー、紅茶が入る前でした。その頃は、病気が極めて少なく、寿命も一〇〇歳位だった時代があります。なぜでしょうか?

　すべてのハーブが、人体の各パーツのどれかとリゾネート（共振共鳴）するからです。これを発見した一人がジーヴァカ。お釈迦様の主治医です。森の中に行って、体の役に立たないハーブを見付けてみたが、一つも無いことを発見しました。そう、**人体すべてのパーツの初期設定の周波数が、どれかのハーブと同じ周波数を持っているのです。**これは、リラないしプレアデスなどが、人体構造に手を加えた時、そのように設定したからでしょう。ちなみに、今地上にある数千種類のハーブの多くが、プレアデスから来ています。すなわち、かつての治療とは何だったのでしょうか？

そう、**「周波数が初期設定に戻ること」。それを、ハーブが引き起こしていたのです。**現代の石油製品である薬が、酵素攪乱剤であるのとは、正反対ですね。ところで、各ハーブを存分に摂るのは困難です。植物が豊富な日本でさえ、多くは手に入らないし、あっても農薬などケミカルまみれで効きません。そこで、各ハーブの周波数だけを調べ上げ、使用可能にしたアプリを、ヒーリングウェーブと言います。ビタミンや鉱物、色や音の周波数が使用出来ます。現時点で、ウクライナではまだ戦闘が続いていますね。子供や老人たちも、仕事が停止し、物価も超高騰し、栄養失調になっていると思います。そこで、周波数を「遠隔」します。

テルレゾナンス　祈る人は美しい！

あるチャネラーが予言した情報があります。「将来の医療は、周波数の遠隔共鳴になる」と。これを聞いて即ピン！　と来るのは、まだ吉田統合研究所の関係者だけかもしれません。なぜなら、それはすでに始まっているから。ウクライナのキエフには知人が数百名います。昔は子供だった知人が、今や親となりましたが、子供たちは今ろくに食えません。そこでビタミンなどの周波数を送りました。その結果、彼らは栄養失調を免れるかもしれないのです。なぜでしょうか？

今までですら、栄養素のために健全だったのではないから。リンゴやトマトの中に入っているビタミンのせいでもありません。**ビタミンが持っている周波数のせいなのです。だから、ビタミンAならAの周波数さえ分かり、それが送れれば、野菜や果物を送らなくても同じなのです。**前記のウコンが証明しています。ウコンの物質成分ではなく、その波動が肝臓を治癒するのと同様に、ビタミン、ミネラルの周波数が、それ独特の仕事をなすのです。そして、遠隔であっても、周波数が飛ばせることは実証済み。約二〇〇〇名の研究所メンバーが毎日実感していることですが、**地上のどこに相手がいても周波数は一瞬で到達します。このことからも、距離と言うものが、地球人特有の錯覚に過ぎないことが分かりました。**

周波数は、送る対象さえ決めれば、仮に相手がアンドロメダであっても、一瞬で届きます。これが、祈りの原理と同じなのです。日本人だけが、この遠隔共鳴を始めている理由は、元々我が国が祈りの国であり、天皇が、一年中世界の平和を祈ってきた国だから。遠隔共鳴を信じていなければ、祈ることはしないでしょう。この周波数アプリ、ヒーリングウェーブを使い慣れると、周波数を送る習慣が出来ますが、それは、とりもなおさず、祈る習慣がついたことです。地球のどんな地域のどんな人へも瞬時に祈り「周波数」が届くと知ったら、自然にそうなります。自分が愛する子供が都会にいて仕事で悩んでいるとしたら、即祈れば良いのです。五二八ヘルツや四三二ヘルツに近い周波数が相手に届き、確実に良い結果を現すでしょう。子供さんが自覚出来るかどうか？　は本人の感性などに関わるので分かりませんが、波動は確実に届いています。

祈る人は美しい！　祈りは一瞬で届き、一瞬で相手を変えます。と言うより、本当は、あなたを変えるのです。祈りは高い周波数です。エトロのバッグが欲しい！　と思うのは祈りじゃないですからね。それはただの願望。相手の幸せや安寧を祈るのは尊い行為です。出来たら、すでにそうなった世界を観ながら祈るほうが良いですが。

実際は何が起きているのかと言うと、あなたの周波数が変わったのです。すると、即座にパラレルが移動します。相手が幸せでいるパラレルに。それは、自分が自分の観念で創った、または選択した世界を若干変え、その登場人物に不幸が無い世界を創り直したのです。だから、祈る人は美しいのです。

ミレーと芭蕉はパラレル移動？

二〇歳まで、私は芸術家になる以外に志がありませんでした。その頃、「ミレーの晩鐘」で有名なミレーの作品数点を見ました。パステル画のような大変明るい絵。私が感じたのは、これって明る過ぎて不自然だということでした。「春」のような深みのある色彩の絵はともかく、動物を描いた農村風景は、どうも明快過ぎる、と。ところがやがて分かったことがあります。ミレーには、世界がそう見えたのだ！　と。これはルノアールなどにも言えますが、少なくとも、そういう所にフォーカスしていた。この世界には闇も光も美も醜もあります。が、ミレーはその美だけを切り取るのです。

すると、実際は暗かった映像が明るく見えだします。そういう波動で生きている人には、世界はそう観えるという事です。では、本当の画家とはどういう人の事でしょうか？

そう。世界の観方を教える人。**命にあふれ、生き生きとみずみずしく、希望に満ちて、煌めいた世界。それにフォーカスするので、その世界が見え、その世界を描き残したくなるのでしょう。**松尾芭蕉が、世界の見方を言葉で教えているのと同じです。

石山の　石より白し　秋の風

世界の見方、そして聞こえない世界の聴き方、見えない周波数の捉え方を、芭蕉は提示しました。では、次の句は何でしょうか？

Full we care cards to become miss note

「古池や　かわず飛び込む　水の音」の翻訳。発音しないと分かりませんよ。ま、有名な蛙ですね。ここで芭蕉が伝えたいのは何でしょうか？　静寂に聞こえた蛙の音。

それによって、飛び込む前後の静寂が初めて自覚される。静寂にすべての命が宿っている。という意味かもしれません。これは、静寂の聴き方を教えているのです。**世界は、その根底がすべて静寂に満たされています。が、一般人は、喧騒のほうにフォーカスします。しかし、達人はすべてを成り立たせている静寂、すなわちプルシャの性質にフォーカスするのです。**

芸術はもとより、パラレル移動。それに接することで、瞬時に違う世界に飛び込めるのです。この場合、美とは何でしょうか？　優れた芸術家が指し示す世界にフォーカスすること、ではないでしょうか？

そういう意味では、すべての人が芸術家になるべきです。「芸術家とは味わう人だ」とは夏目漱石の言葉ですが、**最も高く美しく生命に満ちあふれた世界にフォーカスし、味わう習慣**と言えるでしょう。美によるアセンションは、本当に楽しいですね！

さて、私の初恋は小学四年生でしたが、次は二〇歳の時に好きになった人がいます。当然（?）人妻でした。当時は、高崎短期大学の音楽文化研究所の研究員をしていた頃で、ニレジハージという大ピアニストの自作初演コンサートを、事務局長として仕切っていました。大学を休んで。その時、事務所に彼女が入ってきたとたん、すべてが明るくなるのです。私の感情と言うより、誰が見てもそうだったんではないでしょうか？　彼女が来ると、私はとっても幸せだったのですが、よく観察すると、彼女の容姿には際立った所が皆無でした。顔は百人並み。スタイルもこれといった所が無かったのです。なぜ彼女にそんなに魅かれるのか？　当時は分からなかったのですが、今思うに、**彼女が持っている雰囲気。見ている世界。身にまとったオーラ。すなわちフォーカスしている世界の波動**だったと思います。彼女といる時の幸せ感を例えたらどうなるでしょうか？

色なら、ピンク。音なら軽く静かで軽快。香りならバラ。味なら甘味。触り心地はラシャ（サテン生地）。これらが、彼女が持つ周波数を当時の私が（そしてそれを思い出した今の自分が）受け取った時の、五感における解釈なのです。すなわち、このような印象が今生じるということは、**それを引き起こす周波数こそが、彼女の本質だということになります。と言うことは、美とは何でしょうか？**

「周波数」のことです。前記を感じさせるような高い波動。五感覚の感じ方は、一

魅力って周波数の味！

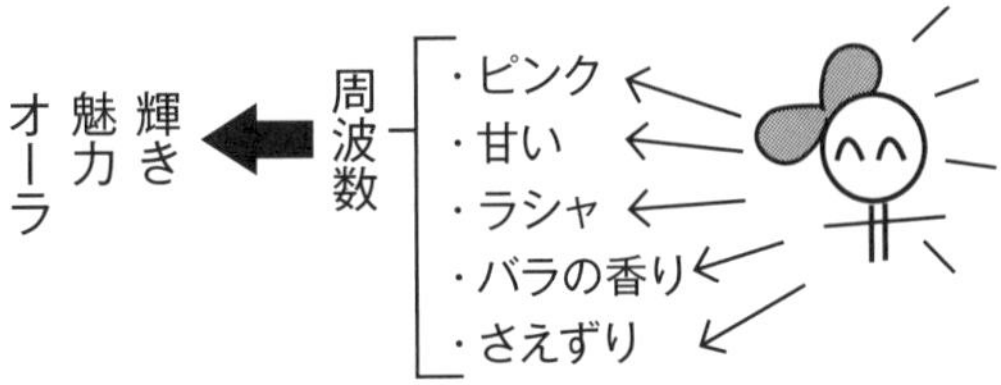

人一人もちろん違いますが。人は、外見だけに惹かれる訳ではありません。特に、最初はその美貌に惹かれても、しばらく付き合ううちに関心が無くなることもありますよね？　私の大学時代は悲惨で、最初可愛いな！　と思ってデートに誘った女子のすべてと、即別れました。喫茶店で話していると、二時間後にはほとんど関心が無くなってしまったからです。当時私が関心を持っていたものが、ドストエフスキー、レオナルド、エマーソン、宇宙哲学、光明思想などでしたが、デートでの話題が、どこそこのパフェーや遊園地でした。まぁ、ぜんぜん合わなかった訳ですよね（トホホ！）。だから、外見の美は、短命だということです。これに対し、周波数の美を備えた人の場合、永久的に衰えません。むしろ、年を経るに従って美しくなります。

Death is beautiful !

This is beautiful ではありません。Death＝死は美を創ります。**元々、人間の祖先は不死でした。現在も、地球の九九%の生物は不死です。**二〇億年前にミトコンドリアが人体に同居し始め、活性酸素を放出してから、死ぬようになりました。雄雌があるわずか一%に満たない真核生物だけが、死ぬことになったのです。生まれるなら、そうなる前のほうが良かったですか？　でも、あなたはシアノバクテリアですよ。六〇〇〇℃の溶岩の中で楽しく泳いでいた。しかし、体は大きくなりませんでした。元々、プルシャは永遠の命です。現在のこの宇宙が消え去ってさえ、影響を受けません。だから、生命体も本来不死なのは当たり前なのです。しかし大きな問題がありました。良い体験が出来ないんですよ。だって、死なないんだから。え？　いったいどういうこと？

「限界」を課さないと体験が生じないから。無限であるプルシャには体験が不可能です。無限は体験が出来ません。必ず、狭い枠に入れてからしか、体験出来ないのです。例えば、さっき黒澤明監督の姿三四郎を見ていました。柔道が柔術や空手と戦っていました。もし、柔道の試合にルールが無かったらどうなるでしょう？　ルールとは、やってはいけないことの総称です。この場合無限とは、何をやっても良いということ。もし柔道の試合で、パンチOK、首絞めOK、出刃包丁、槍OK、ドローン攻撃、ハニートラップ、そして工作員の乱入OKとなったら、試合にならないでしょう？　審判も困り果て、オリンピックの公式種目になることは、まずあり得ません。このように、ルールすなわち出来ないことを課す。「制限」を課さない限り、ゲームが成り立たないのです。そしてそれは、宇宙全体にも言えるのです。では、時間について、生命については？

そう、死ななければ、永遠の命ではゲームにならない。絶対に死なない、永遠に問題も無い存在に体験が必要でしょうか？　永遠の体験ということ自体が、論理矛盾なのです。だから、死ぬことにしたのです。もちろん本当に死んではいませんがね。死ぬフリ作戦です。シヌー！　シヌー！　と言って喜んでいるのです。

生きている間に、何とかこれを仕上げねば！　美しい人生にしなければ！　と。トルストイの小説でも、映画「ロード・オブ・ザ・リング」でも同じテーマは繰り返されています。いわゆる人類の根源的テーマなんですね。我々すべてが選んだ宇宙的なテーマです。すなわち、**この宇宙において体験するには、統合から離れた限定が必要。それが永遠の命から、死という幻想を生み出したのです。**特に、地球人の寿命は、宇宙では稀なほど短く、その結果我々の人生は、太く短くなりました。しかも、第三密度という地球の濃い密度によって、すべてが深刻に感じられるのと同時に、危険が増しました。いつ何時でも死ねる状態にです。息を十分止めたらふつう死にますし、ホームで電車寄りに一mも近付いたら、即あの世行き！　醤油ですら、一度に一ℓ飲めば死にますからね！　なので、地球人のことを宇宙では何というか知っていますか？

「一発屋」！　です。適切なネーミングですか？　しかし、それだけ面白いのです。短時間で小刻みにドラマチックを楽しめるのですから。そのため、我々は真核生物になった時、雄雌を発明し、セックスして存続するようになりました。**本来は個＝「私」が無いのだから、実は永遠の命は保たれているのですが、「私」に私的にこだわ**

る「私」たちは、私は死ぬんだ！　と思い込んだのです。何て素直な私たちでしょうね！　グスン。しかし、永遠の命であることに何となく気付く人はいます。例えば、イエス・キリストや吉田松陰。だから彼らは、目的のために死という手段をあっけなく選びました。イエスもある意味大和魂を、松陰もある意味人類の幸せと平和を目指したのです。言葉は違っても、同じ目的でした。命が永遠なのですから、彼らを止めることが出来なかったのです。何でDeath is Beautifulなのでしょうか?

命が永遠だったら、命を捨てて世界を助けることの美が、それほど輝かなかったからです。当時の地球マトリックスを創った観念の中では、永遠ではない命を捨ててまで人々を救うことが、より美を際立たせる、愛を際立たせる行為だったからです。そのマトリックスの中では、それらが適切な美の表現だったからです。死は、美しい。毎回生命が更新することで、今が貴く生きられるようになります。

女性性の発揮が美しい?

女性性とは、受容する能力です。何に対してでしょうか? プルシャにです。宇宙生を受容することですが、そのセンサーが女性には備わっています。

かつてアルクトゥールスからメッセージがありました。彼らの全身は、性感帯。そう、性感帯ばかりで出来ている、と。だから生きているだけで幸せなんだ、と。ところが、最近分かったのは、地球女性の性感帯自体も、宇宙と一体化のためのセンサーだったということ。皮膚という「風」と「空」を感じるセンサーで、宇宙との一体化を図れます。その練習がセックスなのです。性感を磨くと言うよりも、幸せを感じる、生の喜びを感じる、一体化、一極化のエクスタシーに立ち返るためだったのです。ディープステートのために悪い物視されたという説もありますが、生=性なので、これを否定してしまうと、すべてが色あせてしまうのです。女性性の開花には、何が有効ですか?

性的行為の時、パートナーに全面信頼を持つこと。この安心感が無いと、エクスタシーは難しいでしょう。これは、プルシャに全面的に任せて、エクスタシーを取り戻すプラクティスなのです。どうぞ、存分に楽しんでお励みください！　セックスにこだわりません。**どうすれば、体が、心が喜ぶのか？　自分の体が欲している喜びを、自分で与えてください。卑弥呼のような神と交流する存在には、日頃からエクスタシーを感じる習慣が不可欠でした。そう、すべてを受容する習慣は、お菓子の美味しさや、人からの行為に感動したり、そよ風に涙するなど、人生を深く潤わせるキーポイントなのです。よって、女性性が開花した人は、すべてが美しくなります。外見も人生も。**

主役は美しく、脇役は醜い？

あなたは、主役ですか？　人生の、宇宙の、すべての？　主役でなければ、美しくありません。なぜでしょうか？　あなたの人生があなたのものだからでしょうか？　いいえ。**あなた以外も含めた全宇宙の宇宙生が、あなたのものなのです。あなたの宇宙はあなたの観念です。**えーっと、他の人には宇宙が無いのでしたっけ？

いいえ。ありますが、それをやっているのは誰ですか？　プルシャですが、そのプルシャはあなたです。あなたをやっている時には、宇宙はあなたが創って体験し、彼をやっている時は、プルシャのあなたが彼の観念という形を取って、宇宙をクリエートしています。各々が宇宙を独自に創造していますが、やっているのは同じ人（プルシャ＝あなた）です。あなたに入っている時に、プルシャは相手には入っていないのでしょうか？

はい。入っていません。と言うより、あなたが見ているのは相手ではなく、あなたの観念です。じゃ、本当の相手はいつ見られるのですか？　今のあなたには、永久に見られません。が、ご安心ください。プルシャであるあなたが、相手に入った（なった）時、その時の観念に従い、その人の宇宙が出現します。そして、その中にちょこんと、あなたっぽい人が座っているのです。その人は、それをあなたと思いますが、あくまでもその人が抱いた観念の（若くて綺麗な、またはケロヨンに似た）あなたに過ぎないのです。じゃ、本当のあなたには、永久に会えないんですか？　えーっと！　この本を今まで読んでましたよね？　あなたは、どうもいないみたいですよ！　すいませんが。驚かれるのはよく分かりますが、宇宙はそうなっていますんで、そこんとこ、これからも宜しくお願いします。え？　何だか分かんないから、まとめろってですか？

プルシャは、全宇宙の幻想的個人（アバター）すべてに一瞬で入り込み、それぞれの初期設定に従って、その観念に従った宇宙を創造し、体験する。**その観念宇宙の中には、たくさんの登場人物が見えるが、すべて観念の産物だから、そのアバターの観念に沿い、好意的、敵意に満ちた、平和な、危険な宇宙となる。その中の登場人物は、実際には幻想観念なので、あなたに自主的に攻撃したり詰め寄ることは出来ない。**さて、その一瞬後に、あなたであるプルシャは、セネガルのンデホグブガヨに入る（なる）。すると、ンデホグブガヨ独特のその初期設定に従った観念で創り上げた宇宙を体験する。もちろんホログラムに過ぎずイリュージョンだが、その中の両親やＮＨＫの集金（セネガルのそんな感じの）と出会い、素晴らしいドラマが展開する。または、イラつく。もし、その中にあなたが登場したとしても、それは実はあなたではなく、ンデホグブガヨの観念が見たがったあなた。すなわち、あなたは、あなた自身の特注スペシャル宇宙を見ており、ンデホグブガヨは、彼女（女性だったんですね！）にしかあり得ないオーダーメイド観念宇宙だけを見ている。じゃ、一人一人に全く接点が無いのか？　そんなのって、寂しい!!

って言った少女がいます。気持ちは分かります。自分が大好きなカズちゃんやケメコちゃんや雪之丞がいないって言うんですからね。でも、ちょっとものは考えようですよ！　この宇宙自体は何なんでしたっけ？　観念だけが創った宇宙ですよね？　誰の？　一人一人のアバターの。てーことは、宇宙って無いんですか？

一〇〇%ピュアーあなた
創造宇宙パラレルを飛ぶ!

✡出会い、接点、関係をはるかに超えた宇宙

今頃、まだ、とぼけたことをおっしゃっておいでですが……はい！　宇宙自体が無いのです。え！　じゃ、あそこで寝そべって腹筋をしている猫もいないんですか？　あれは、腹筋じゃなくて、お腹を舐めているんですよ！　あ、そういうことじゃないんですね。今見ているあなたが創った猫です。猫がいて可愛いなあ！　という体験をしたくて観念が生み出しました。が、いません。ということは？　その観念が引っ込んだとたんに、消滅します。っていうことは、私たちは、全くの孤独ってことですか？　出会っている人はすべて自分が創った観念。だから、交流が出来ないと？　どこにも接点は無いと？　そんな、そんな悲しい宇宙ってないじゃないですか？　何とかしてくださいよ！　所長。いくらでも出しますから！

持ってるのは、二〇〇〇円くらいでしょ？　まあ、しょうがないから、秘密をお伝えしましょう。接点はあります。いったいどこに？　観念宇宙自体が幻想なので、接点の可能性はありません。じゃどこに？　一か所だけ、くっ付いている所があるんだ

けどな～？　気が付くかなあ？

はい、時間切れです。答えは、次の本で！　今この本を読んでいる方だけ、特別五〇%引きでご提供しますからね。喜んでください！　定価は八〇〇〇億円ですが……。

あなたに入っている時のプルシャと、羽生弦君に入っている時のプルシャの間柄は？　あなたのプルシャは大食いで、羽生君のは節制してるんだから、違うタイプかなあ？

バカちゃんですか、あなたは？　あっ、すいません！　大切な読者をつかまえて。入ってるプルシャは、全く同じ存在です。プルシャは自分を全く分けられません。全宇宙でたった一人です。だから、**あなたに入っている時のプルシャと、羽生型プルシャは、全く一〇〇%シンプルに同じ人なのです**。ま、人じゃないですが。見ている世界が、全く異なるだけで、一〇〇〇〇%同じ人がやっている、体験しているのです。ってことは、その接点は？

接点じゃねーだろ！　おめえー！　まるっきり、つながってるんですよ！　これ以上の親密さが無いほどに、そのまんま！　なのです。あー！　良かった。これで許してくれますか？　ま、そういうことなんで、今後とも宜しくお願いします。どうぞ、仲良くやってください。

　ということは、あなたの人生に登場する人物のすべては、あなたの観念、信じている世界がそのまま現れただけですよね？　じゃ、その相手が、毎回あなたに、デブとかブスとか言ってきた場合、対抗措置、復讐《ふくしゅう》の炎を燃え上がらせねばって考えていたでしょうが、それはどうなりますか？　良いヒントになりましたかね？

　ナンセンス！　です。一つには、すべてプルシャだから、そのいけ好かない相手もプルシャ。**初期設定されたその相手に入ったプルシャは、そんなことしか言えず、そういう振る舞いしか出来ないのです。その人の責任ではなかったのです。だから、もう一生その人のことは考える必要がありません。**良かったですね！　ですが、もう一つの見方も出来ますよ。

攻撃力ゼロ化モンスター

その相手は、あなたの観念が創り出しました。あなたの観念は波動として周波数を持っています。その周波数が高ければ、素晴らしい人々に囲まれた理想郷を生み出しますが、低い周波数なら、敵と悪口ばかりが飛んで来る逆境がやって来るでしょう。ホログラムイリュージョンで。それらをコントロールまたは規定するのはいったい何ですか？

そう、あなたの周波数、観念です。あなたの周波数次第で、どんな世界も創り出せます。一方、その世界に登場する人物に、あなたを攻撃したり、愛を届ける権限はありますか？

ノーです。彼らにそれは出来ないのです。じゃ、どうしたら？　そう、あなたが高い波動、高い愛に満ちた周波数を選べば良いのです。すると、登場人物は、愛にあふれたチャーミングで魅力的な人ばかりになるでしょう。でも、最近ずーっとそうだったのに、今朝がた隣のおばさんが、犬の糞をこっちに寄せてきましたよ。私の高い波

主役じゃないフリやめましょう！

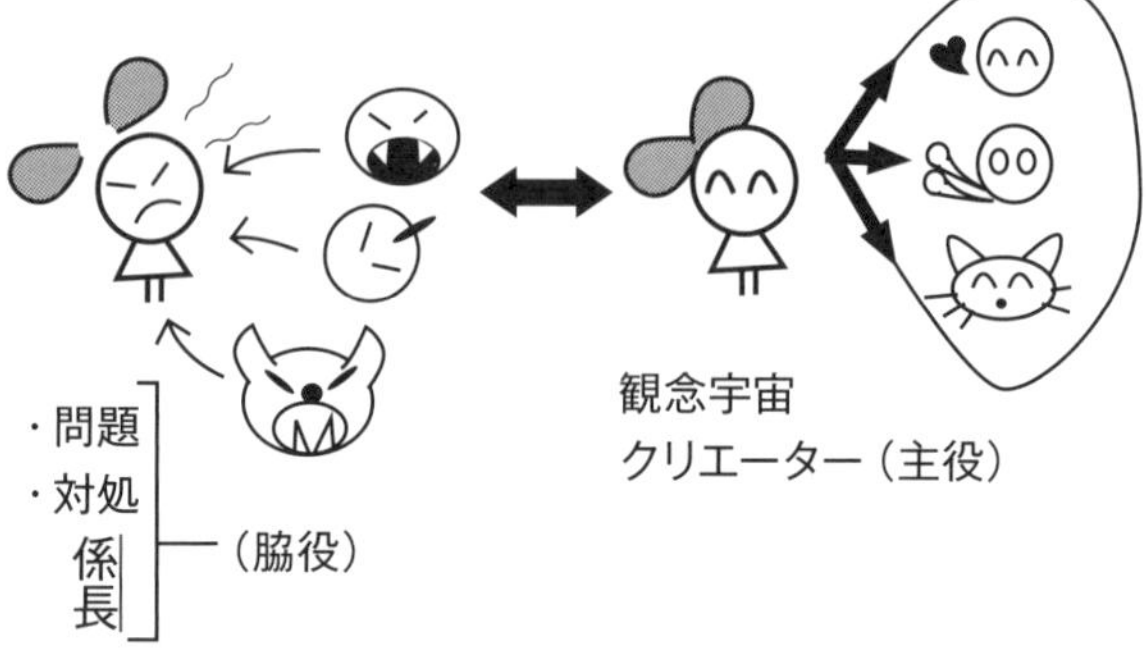

動の世界の中でさえ、そのおばさんは自主性を持っていて自由意志があるから、犬の糞を送り込んでくる可能性は否定出来ないんじゃないですか？　とあなたは、聞くんですか？

おバカさんですか？　じゃなくて、えーっと、いいえ。そうではありません。ハッキリ言わせてもらえば、そんなおばさんはありません。あるのは、犬の糞だけです。じゃなくて、糞もありません。おばさんではなくて、あなたの観念が形を取ったのです。コントロールは一〇〇%あなたがやりました。だから、おばさんは、犬の糞を自由に出来ません。ご安心ください！　あなたの観念を、人生観、世界観、宇宙観を変えたなら、即消滅します。あなたの周波数が一瞬下がった時、犬の糞をぶん投げて来るおばさんというスペシャルなイリュージョンを見ることが出来たのです。お疲れ様でした。

さて、次に行きましょう！

だから、主役はあなたです。**自分が創った観念宇宙の中で、人の目を気にして何も出来ない、自分宇宙に登場する娘に嫌われたと言って、しょげ返るのは、あまり頭が良い人ではありませんね？** 娘さんがあなたをどう思っているか？ によって悩む、傷付くのは、気色の悪い趣味、変態だと分かりましたか？ 自分が明るくなればすべては終わります。あなたの宇宙が変わるからです。**あなたは、主役でしかあり得ません。だから、主役は美しい。脇役は、幻想で気色悪いのです。そして、あなたは主役です！**

✸美はパラレル移動！

この宇宙で起きているのは、パラレル移動、パラレル体験だけ。引き寄せも、テレポートもタイムトラベルもチャネリングも。パラレルとは何でしょうか？ 平行とい

宇宙創造1秒前説

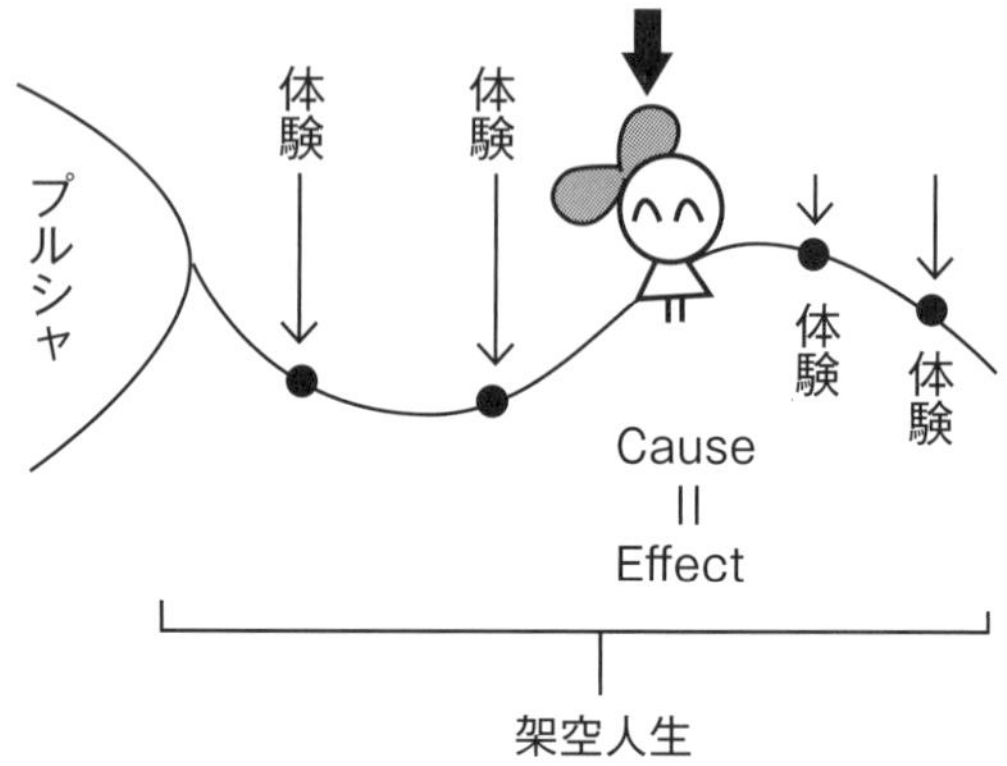

う意味ですが、それは直線の存在を暗示しますね？　いくつもの人生が、出来事が、平行して別々に流れている、という意味ですが、片方の意味は間違っています。別々の人生はＯＫです。平行して、は間違い。なぜでしょうか？

　直線じゃないのです。時間の流れが無いということ。出来事、事象は連続しない。単発でブツブツ切れているのです。なのに、連続していると感じ、前と後があると感じる訳は何でしょう？

「記憶」です。さっきまで、または一日前の記憶がなければ、時間が流れているとは思いません。同じく、この幻想は「私」を創り出します。**いくつかの記憶を思い出すために、そこに共通する主体がきっといるんじゃないか？　という憶測が生**

まれたのです。今や、ほとんどの人が信じ込んでいますが、それを信じない人もいます。達人と宇宙人です。達人は、時間を止めて野球ボールを叩いたり、過去をいじって浄化したりします。なぜそれが可能なのでしょうか？

実際に時間が流れていないから。じゃ、何が流れているのですか？　何も流れていません。出来事は起きます。が、前との関連無しに。単発です。「ヨーガヴァーシシュタ」という数千年前に書かれたインドの本があります。聖者が、ラーマ王という聖者に向かって説きました。その中の記述、「カラスがヤシの木に止まったら、ヤシの実が落ちた。しかし、カラスとヤシの実には関係が無い」と。因果関係が無いと言うのです。私の前の本に、別人二八号という図があります。毎瞬毎瞬、人は違う人である。何が異ならせるのか？　周波数が違うものは別人とみなすのです。どこで？　地球以外では。周波数は、いつ変わるのでしょうか？　毎瞬です。今日、朝起きてから何万回と違う人でした。ということは、一分前に自分がやったと思ったことは、今に影響しないということでしょうか？　はい。そのとおり。これはひと言でいうと何のことでしょうか？

✴ ただ太っている！

因縁因果説の崩壊。まずいですよね！　今までの宗教やスピ系はどうしましょうかね？　過去にどんなトラウマがあっても、今のあなたには何の影響も無いということになりますね？　また、今のあなたがどんな不安を抱えていても、将来まずいことにはならないということですか？　はい。そうじゃないとは思いますが、仮にあなたが今だいぶ太っているとします。それが、ここ七日間ソフトクリームを朝晩食べたからだ、と思っていました。ところが、今の理屈から言えばどうなるでしょうか？　今あなたが太っているのは、一週間ソフトクリームを朝晩食べたからではないのです。じゃ、なぜですか？

ただ、太っているのです！　すいません。でも、そういうことになりますよね。今の瞬間太る選択をした、と。中には、さっきの骨折を瞬時に無くしてしまう人がいますが、それは、この理屈を知っているからかもしれません。過去のことは、今に影響することが一切無い！　信じられますか？　では、なぜ影響しているように見えるのでしょうか？

二つの出来事に、因果関係という意味付け、観念付けをするから。先月失恋したから、今日も冴えない顔、とか。なぜ、こう思ってしまうのでしょうか？　それは、過去の記憶を思い出すからです。では、その過去は本当にあったのでしょうか？　これについては、証拠が一つもありません。例えば、七五三をやった写真がありますか？　セピア色のその写真（すいません！）があるから、その過去はあった、と言うのが地球人の主張ですね。しかし、宇宙的に言えば、**その写真がある所のパラレルワールドを、たった今選択したからだ**、と言うのです。どう思います？　そんなセピアの、すいません、古い写真を準備するのも大変じゃないか？　とか思わないでください。どっかのエージェントとかがやるんじゃないからです。アカシックレコードが準備します。アカシックとは、虚空蔵と昔言っていたもので、何も無い虚空に宇宙中のデータすべてが内蔵されており、いつでもアクセスし、取り出し体験出来るものです。思い付く限り、思い付かないすべてまで含み、無限のデータがすでにあります。だから、**今のあなたがセレクトすれば、どんなデータでも引っ張って来られ、それを生きるこ**

とが出来るのです。さて、何を使って取り出すのでしょうか？

「周波数」です。誰の？　あなたの。いつの？　ジャストナウの。今の波動がその周波数に見合ったアカシック内のデータとリゾネート（共振共鳴）して、データをこの世界に引っ張り出します。すると、**それが時空に翻訳され、特定の空間の特定の時間にいるとの錯覚をするのです。アカシックのデータは、過去も未来もなく、のっぺりとしたただのデータであり、エネルギー。観念で出来ています。宇宙全土の選択可能な世界って感じ。しかも、誰の？　がありません。**あなたのではなく、卑弥呼のでも、トランプのでもなく、ケロヨンのでもありません、が、ケロヨンぽい顔をしてたりします。要は、周波数の性質が、それに合致するデータを選び、それが「体験」となるのです。時間と空間が無い所からどうやって、それがあるみたいな「体験」が生まれるのでしょうか？

✵パラレルpointワールドで時間を創る！

とっても簡単です。まず、「時間」ですね。まず、あなたは今っぽいデータを選んでいました。データを、点のイメージで想像してください。線ではなく。次に、周波数をほんのちょっとだけ変えて、**一分前のような匂いがするデータを選びます。すると、過去を思い出した、と思うのです。しかし、実際はただのデータです。**違うのは、過去っぽい匂いだけ。次に、青春時代の失恋を思い出します。そこでは何が起きているのでしょうか？　それは、アカシックの中の失恋の痛手を感じている低い周波数の、少しカビ臭いデータにアクセスしたのです。どうやって？　**少しカビ臭い周波数を出して。するとそれを体験するのですが、カビ臭いために、過去なんだなあ！　と思い込むのです。**実際は、宇宙には過去も現在も未来もありません。単なるデータの違い。その周波数の違いだけで、のっぺりとしたデータフィールドに、均等に置かれていたものです。さて、未来はどうでしょうか？

最初は今っぽいデータを選んでいました。次に、明日上司にしこたま怒られている

だから今でしょ！

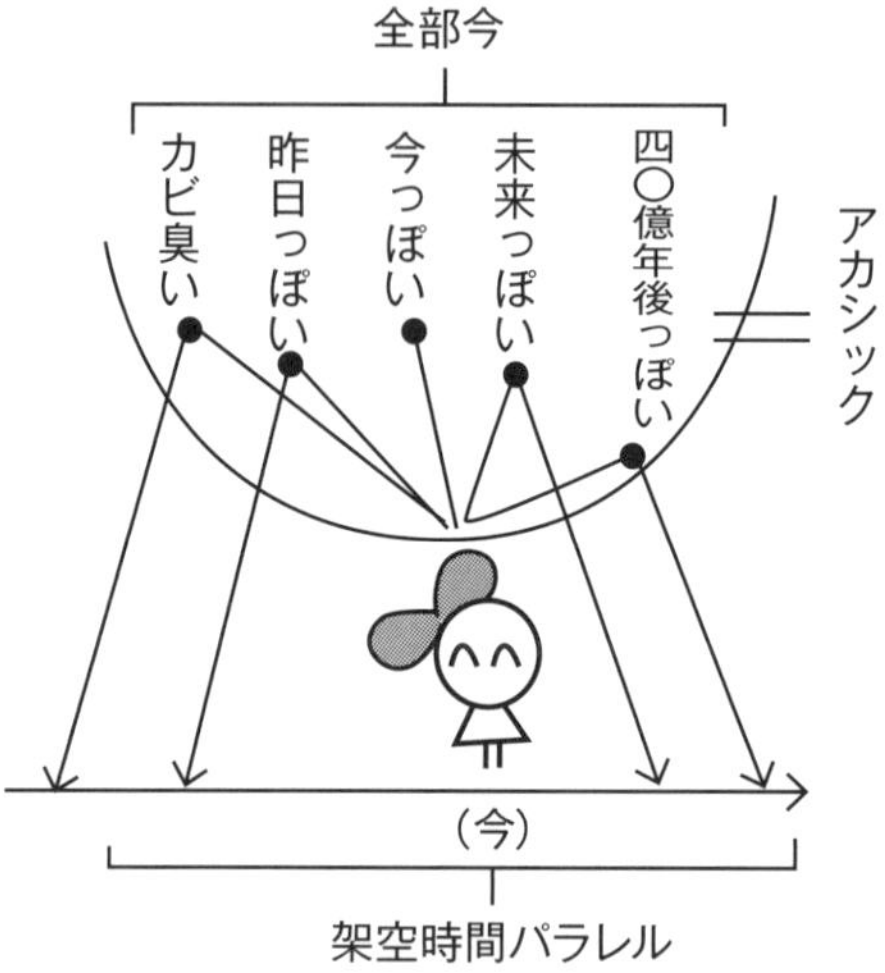

データにアクセスしました。そこは熱を帯びており、不安と恐れ色が強く、炎症系で縮こまる臭いがします。実際は、今持ってるデータに過ぎないのですが、その縮こまるような恐れ色によって、将来のヤバイ一件と捉えてしまうのです。

要するに、**見方を教わっていなかったので、その種のカビ臭さや、熱を帯びた恐れ色を、過去や未来と思い込んでいたのです。しかし、実際はただ今感じているデータの体験に過ぎません。**すでに用意されていたアカシックレコードの中の一つか三つを味わって、過去じゃん、未来じゃんと判断しました。それで、記憶を持ってんじゃん！　俺ってと、意気がっていた訳です。しかし、それは記憶でも、未来の予測でもありません。たった今のデータです。たった今、アカシックにアクセスして取り寄せた、あなたの周波数がリゾネート（共振共鳴）して取り寄せた体験に過ぎません。そして騙されました。過去から未来に流れる時間の中に自分はいる、と。もし、記憶が全く無ければ、自分＝「私」が存在するとは、全く思えないのでしたね？　そうです。**「私」という幻想が生じたのは、この仕掛けからなのです。**アカシックへの周波数アクセスで取り寄せたデータに、カビ臭さや不安の縮こまりがあったため、未来や過去と勘違いしました。では、実際は？

今と、今と、今しかありません。時間は流れていません、人生は進行していません。ブツ切れです。したがって、過去が今に影響することも、今が未来に影響することも無いのです。すると、今の面倒は誰が見るのですか？

今のあなたが見ます。どころか、今のあなた以外には、誰も何も出来ません。過去も未来も、今のあなたに影響せず、今のあなたは、今を完璧に変えられるのです！

✡ 問題処理のパラレルって面白いですか？

さて、他人が問題を引き起こすのはどうしてでしょうか？　あなたの創った世界の中で。Aさんと Bさんが仲たがいし、各々があなたに仲間になってくれと言ってきました。あなたはどうしますか？

他人の問題を処理せねばならないようなタイムライン、パラレルを選ばないでください。それは、AさんかBさんかの問題ではなく、あなたの問題です。あなたの観念が創造した世界です。何なら、もう二度といさかい、いがみ合いが無い平安な世界を生きる！　と決めてください。するとそうなります。一方、まだ興味があれば、前の状態に戻ります。問題が山積したパラレル（データ）はアカシックに無限にあり、あなたが仮に対処しても、無限に残り解決しません。無意味ですから、問題処理パラレル全体に飽きてください。そして、それらと無縁のパラレルを選びましょう。「気分」で選べます。

✵生八ツ橋と赤福では、違うパラレルに移動？

これら日本における老舗のお菓子は、パラレル移動に使えるのでしょうか？　そうです。が、ミルフィーユとパンナコッタでも飛べます。甘いものなら飛べるのでしょうか？　いいえ。博多明太子でも大丈夫。いったい、何が言いたいのでしょうか？

味覚は、パラレル移動なのです。舌で感じるこの味というやつは、周波数に変換され、脳で味わいに変えられます。周波数なのです。若干の甘さの違いでも、異なる周波数を持っているなら、異なるパラレルに移動します。別世界が開けるのです。だから、彼氏と喧嘩してブーたれていても、アイスクリームをほおばっただけで、ニコニコお姉さんが生息する別世界に直行します。でも、それがクサヤだった場合、もっと複雑な含みのある別宇宙に直行です。ですから、今後パラレル移動をご希望の際は、是非クサヤをお試しください？　じゃなくて、どんな味でも良いのですが、何かを食べるということ自体が、パラレル移動なのです。では、味覚以外にパラレル移動出来る感覚はあるのでしょうか？

五感覚の残り四感覚がすべて使えます。まず、視覚では、エレガントで綺麗なお姉さんを見たとたんに、バラ色パラレルへ。ボンキュッボンなセレブでは、セクシャルパラレルへ。オクタヒドロンやマカバなどの神聖幾何学を見ると、特定根源パラレルへのズームとなります。

聴覚では、音楽が使えます。四三二ヘルツを聴けば、静謐と安寧へ。テレサ・テンでは、「私は一人去ってゆく」パラレルへ。

嗅覚ではアロマかな。ラベンダーの香りでは安らかなリラックスパラレルへ。フランキンセンスでは、イエス・キリストとの出会いパラレルなどへ。

そして触覚は猫の背中の毛。野良猫を触ったら、子供の頃に飼っていたチーコの記憶が一瞬でよみがえります。このように、**すべての五感覚がパラレル移動をする周波数の変更をキャッチするのです。**そして、五感覚の対象物である赤福やボンキュッボンが、特定の周波数であなたを別世界へとお連れくださるのです。ああ、有難や！有難や！　これからは、パラレル移動五感覚を五大神として、信仰の対象にいたしましょう？　ただし、八ツ橋と生八ツ橋の違いを調べ過ぎて、メタボパラレルへ直行す

随時体験パラレルトリップ！

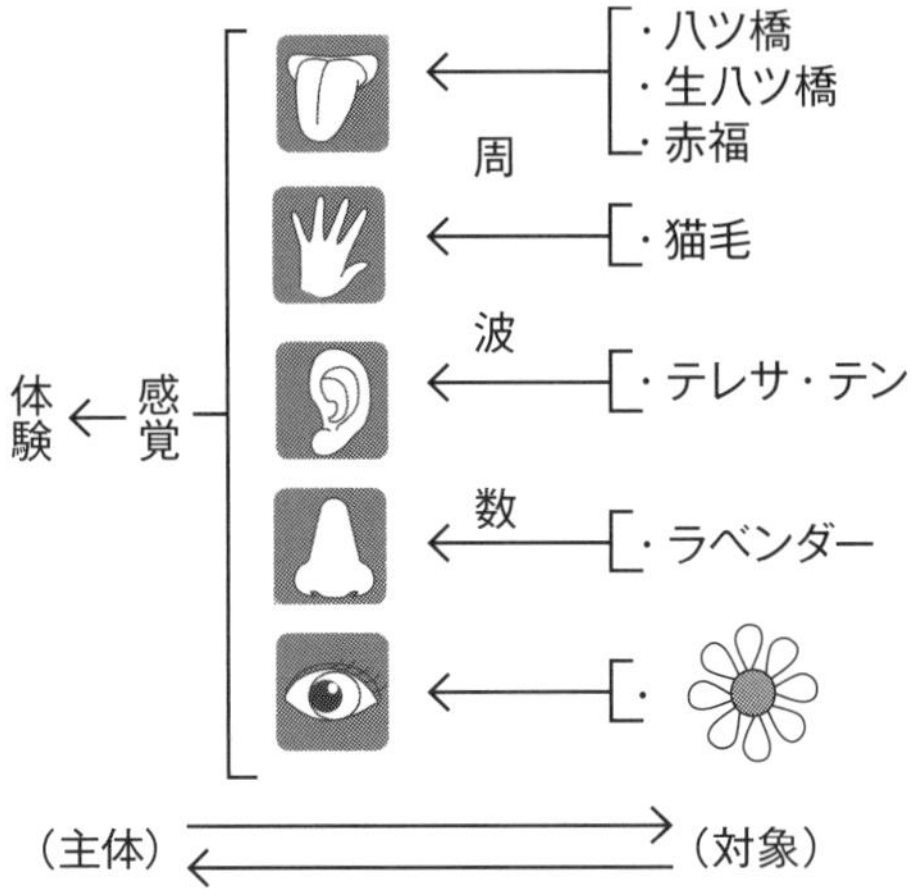

る場合、弊社は責任を全く負えません！

結局、パラレルワールドの移動って何でしょうか？　あなたは、映画を見ますか？　私はさっき、オードリー・ヘップバーンの「昼下がりの情事」を観ました。最後のシーンでは超感動。人間って本当に素晴らしいものなのだ！　と感じました。ヘップバーンって、本当に名優ですね！　友人のオンドリャー・ヒップバーン（愛称：女）とはだいぶ違います。さて、各シーンを見るたびに、パラレルが移動しました。誰の？　私の。見る視点は若干違いますが、映画って、私たちの目の前の世界とそんなに違いません。後から後から順番に新しいシーンがやって来ますからね。各シーンが独自の周波数を持ち、あなたを別世界に移動させます。と言うことは、**あなたの現実とは何ですか？映画の放映なんです。映画の放映はパラレルワールド。あなたであるプルシャは、その中に入って楽しんでいる。これが人生と言われ、毎瞬起きています。**では、美しくなるにはどうしたら良いのでしょうか？

美しくなるには、どういう周波数を選ぶのか？　だけ。美しくなるのは、パラレルワールド移動に過ぎません。今の冴えない（失礼）パラレルから、皆の注目を浴びる自分大好きパラレルへ（！）と。その変更にかかる手間とコストはいかほどでしょうか？

✵ 安さ爆発！　アカシックのさくらや

アカシックレコードの秘密をお知らせしましょう。変更には一秒もかかりません。そして、取り寄せて体験出来る各種データのお値段は、公正取引委員会全宇宙支部で決められています。一律三〇円。レートによって多少の変動があるかどうかは、全く知りませんが、**高次で素晴らしいデータがより高い訳ではないのです。地獄の針の山データと、全く同じなのです。**そうでしょう？　もし知っていたら、借金地獄や失恋地獄は購入しなかったのになあ！　と嘆いているあなた。今からでも、決して遅くはありません。変化に要する時間は一秒ですから、ご希望なら今決めてください？　新しいのを…。

✸パラレル移動は、テレポーテーション、タイムトラベル

周波数さえ同じなら、全く異なる時空に出現出来ます。あなたがもし、彼氏をピュアに愛しているとします。五二八ヘルツや四三二ヘルツを出しているかもしれません。愛と祈りの対象が彼氏ですよね？　すると、あなたは相手の所に移動します。または、彼氏はあなたの所に飛んで来ます。すなわち、場所に共存するのです。元々宇宙には空間が無いのでしたよね？　**場所すなわち位置も無いのです。全宇宙が、あなたの所、**

一点で起きています。あなたは、宇宙唯一の存在プルシャであり、あなた以外には全く何も存在していません。今でもあなたは点であり、ビッグバンで広がったのは、点が外へではなく、点の内側にでした。あなたという一点の内部で、無限の空間と時間が生じたのです。いや、時間と空間が無いのですから、実際は違うものがです。そう、ただのデータが配列されただけ。周波数が異なる無数のデータが出現しました。それが、空間や時間に見えただけなのです。結局、あなたの内側にすべてあります。もしあなたが愛の周波数五二八ヘルツを選んだ場合、それは愛に震える彼氏という現象に翻訳され、あなたはその現実を体験します。愛が届いたのです。では、テレポーテーションは？

今まで、プルシャである自分内部にあるアカシックレコードにあるデータの一つ、私は、うおとみ（うちの近くにあるスーパー）にいる、を選んでいました。次の瞬間、私はワシントンにあるウォルマートにいる、を選びました。すると、そこに出現する。それだけです。周波数はどのくらい変わるのでしょうか？　あなたという架空のアイデンティティーで考えましょう。身長一七〇ｃｍ、体重九八ｋｇ（最近太った）、茨城生まれ、バツイチ、子供と猫が一匹ずつ。服の色はピンク、場所はもちろん、うおとみ。これがさっきまでのあなたです。ところが、次の一瞬に選んだあなたは、身長一七〇cm、体重九八kg（最近太った）、茨城生まれ、バツイチ、子供と猫が一匹ずつ。服の色はピンク、場所は何と！　ウォルマート。これがいったい何だと言うのでしょうか？

あなたの性質なのです。あなたの定義です。今の瞬間のあなたという。宇宙人が言ったとおり、**毎瞬あなたは別人です。周波数の異なる者は別人だから（別人二八号）。ということは、服の色が赤色からピンク色に変わっただけで、あなたは全くの別人なのです。**どころか本当は、プルシャが選ぶ周波数の違いが、そのあなたを（現実を、体験を）生み出した、というのが実態。ですから結論は、ほんのちょっと周波数を変えただけで、場所が移動するのです。私は、新幹線を利用する生活なのですが、新横浜までの乗り換えがかったるいので、自由が丘の自宅を出たとたん、新幹線で駅弁を食べるデータにフォーカス。すると、いつも鮭弁（明太子弁がある場合はそっち）を食べながら、「次は名古屋ー名古屋ー！」と聞いているのです。途中プロセスを選択しません。関心が無いのでオサラバなのです。ですから、あなたが体験したいデータにのみ、フォーカスしてください！　八百屋の次は、リッツ・カールトンでしょうか？　さて、時間のほうはどうでしょう？

同じですよね。難しくないですね？　さっきの九八ｋｇの人のいる時間が、朝の一一時だったとしましょう。次の瞬間、その人の定義になっている他のデータすべては同じなのに、時間だけが二五時のデータに飛び移りました。するとなんと、うおとみに押し入ったコソ泥パラレル体験が出来るのです。とってもスリリングですよね！　実は、このタイムトラベルは、毎瞬やっています。今一二時二〇分なんですが、私のパラレルは、一二時二〇分一秒に今から飛びますからね！　どうやるかと言えば、あれ？　もう飛びましたか！　こうなんですよね～！　時間って。私を選んだプルシャの観念が少し変わり、私の周波数がそのぶん変わり、**私の定義の他のすべての要素は同じなのに、時間だけが一二時二〇分一秒にいる、と変更されました。それが、この一秒の時間進行イリュージョンの実態なのです。**次に、一二時二〇分二秒の説明をしましょう。え？　もういい？　もう二秒以上経ってるからですって？　すいません。

トボトボやっているうちに、プルシャちゃんがセッカチなもんで、どうもすいませんでした！

時間も空間も周波数の選択。選択対象は、ただのデータ。そこには時空無し。ただの点です。でも、ちょっと聞いていいですか？　空間が無いって言ったって、空間見えますよね？　時間もあるように感じますよね？　時計も動いているし。そこんとこ、聞いていいですか？

✵フラットアースではなくフラットユニバース

はい。実は、あなたには空間が見えません。どうして？　あなたは実は一瞬にしか体験をしておらず、一瞬で把握出来るのは、映像ではなくて画像でしょう？　その画像は平面ではないですか？　写メで撮れるということは平面ですよね？　立体ではありません。**立体になるには、画像の移動ないし、見る角度の変更が要りますが、体験は一瞬ですから、平面しか見えません。あなたの体験は、いつも平面だけ。**あなたは、瞬間を越えて存続していませんから。周波数が変わる毎瞬間、あなたは別人になります。と言うより、あなたは存在せず、ただ「体験」だけが「体験」する宇宙でしたね？　そして、体験とは平面の体験なのです。では、時間はどうでしょうか？

あなたの体験は一瞬で終わりですから、時間の流れは体験出来ません。次の一瞬に時間が進行して見える訳は？　あなたが選んだ周波数が若干変わったために、一秒後っぽいパラレルを体験しただけでしたね。時間はブツ切れです。つながっていません。時間も空間もブツ切れです。そしてあなたは、ブツ切れです。これを聞いてブチ切れないでくださいい？

✵ポイントセレクションって本当に時空無しですよね！

全宇宙が点の体験をしている。線に見えるが点だ。毎瞬間変わる。ただし、時空に見える。点が、宇宙空間時間イリュージョンを楽しんでいる。しかし、自由になりたければ、ポイントセレクション（モンドセレクションとは異なります）に戻ればいい。

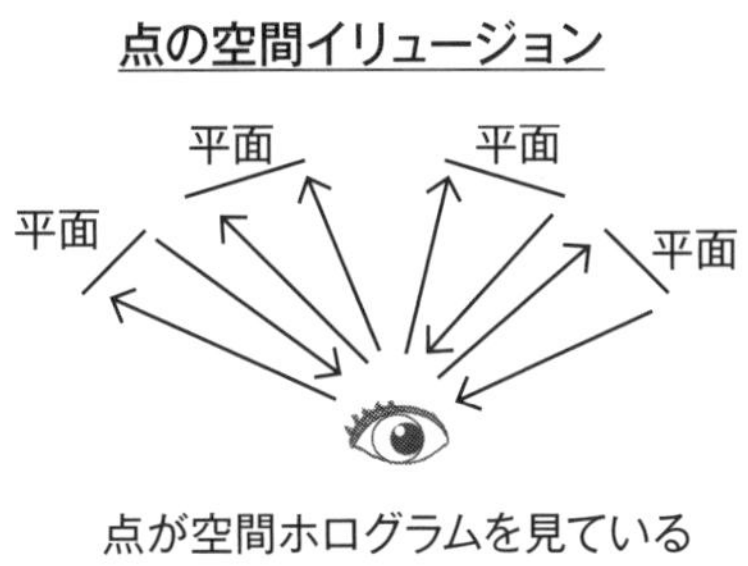

すべては点の選択だけ、周波数でやる。時間も空間も全く無力。あなたには関係が無いイリュージョン。そういう下世話なことに手を染めず、シンプルなポイントセレクションに戻りましょう！　**もし仮に、過去を悔やみ始めたり、未来を不安に思い出したら、自覚しましょう。それは、まさにその瞬間に選んだ過去なのだと、未来なのだ、と。そして、過去でも未来でもないと。ただの気の迷いだと。実際には起こってもいない！とです。**

✡将来の夢にかけるのは自己限定？

そうです。今は今だけで完結する宇宙において、将来の夢にかけるのはナンセンス。今の一瞬には理想を生きられない、という自己限定。今が良くないので、周波数を上げるためにその観念を持つのはありですが、今の一瞬にしかチャンスは無いのです。**「グッドフィーリングフォーカス」をやりましょう！　周囲に見える景色から、選択的に五感覚を美に染め上げるものだけを選んでください！**　体ならば、重い所ではなく、軽くて自由で楽しい点だけにフォーカスするのです。すると、体重が消えます。

✡パラレル飛べない症候群一〇〇％治療法

パラレルを飛べる人と飛べない人とでは、一対一〇〇万くらいの相違が出ます。さて、飛べない人っているのでしょうか？　一人もいません！　毎瞬飛んでいるからです。むしろ飛ばないことが出来ません。一秒に一〇〇万回ずつ。自分の周波数を変えたからパラレルを飛ぶんですよね？　むしろ、**波動＝周波数の翻訳がパラレルなのです。周波数が変わらなければ、時間が移動しないのです**。だから、毎瞬飛んでおり、今朝起きた時からもう数万回はやっていますよ。じゃ、みんな飛べるんじゃん？　ですが、変なとこに飛ぶ人がいるのです。すなわち、前とちっとも変わらないっぽい、ショボいとこに戻るという。実は、ちゃんと飛んでいますが、前と同じ周波数を出すからです。なんで？「抵抗」するから。「抵抗」とは？

宇宙すべて、良いことしか起きていないという事実を否定し、自分の勝手な都合で、良いの悪いの、バカにされたとか、間違ってるよ！とか思うやつです。**抵抗しなければ、他のパラレルに即移動出来るのに、何かがダメだ！と感じていると、もれなくそこにとまれるのです。**「抵抗」って、けっこうヤバいですよね！

抵抗↓継続

……なのです。お気を付けください！　他のことは一切気にしなくてもいいですが、この「抵抗」だけは要注意。ヤダー！　と言っていると、ずっと飛べない、いつまでたってもそこにいる、のです。嫌な職場とか、病気、メタボや変な社会。そのままで満足したら、進歩が無いんじゃないか？　と聞きますか。実は、**抵抗すると、進化しません。受容すると、変化し、その結果進化します。**ってことは、抵抗と受容って反対なの？

抵抗⇕受容

そうです。抵抗⇕受容です。なぜそうなりますか？　抵抗するということは、その種の周波数にこだわっていること。言い換えると、フォーカスが強い。すなわち、だーい好き！　と全く同じ。あー、ひどい誤解ですね！　宇宙って本当に単純なんです。あなたがいくら、ヤダ～！　許せない！　大っ嫌い！　とか発信しても、その周波数ばっかりが宇宙の受信センターに届くので、宇宙科学者からしたら、「好き好き、大好き、愛してる～！」と何一つ変わらないのです。まずいっすよね～！　コレ、対策練らないと。だから、抵抗は一番まずいと。じゃ、どうしたら？

「受容」するのです。なぜですか？　そのほうがお得だからなんですか？　いいえ！　そういうチンケな発想だと、宇宙に舐められるんですよ。そうじゃあなくって、プルシャがやっているからです。何を？　出来事、感情、思考のすべてを、です。す

大ヒットLongアトラクション抵抗！

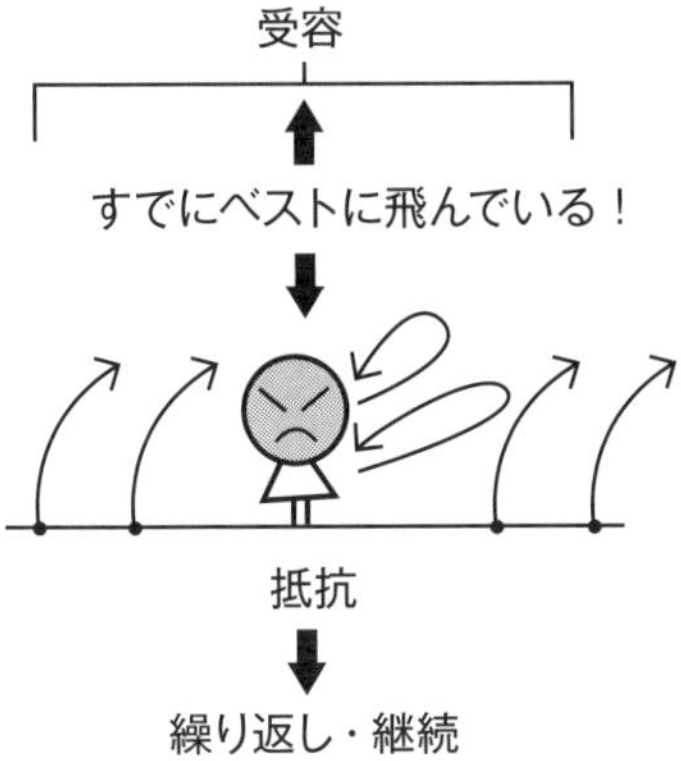

べては、プルシャが体験したくて、起こした出来事です。あなたには抵抗が出来ません。なぜでしょうか？　あなたは、プルシャだからです。そしてあなたはいないからです。いない人が抵抗したら、ポルターガイストですか？　なんだか変ですよね？　すなわち、**プルシャが起こしたから、本当のあなたが起こしたのであり、何も間違っていないから、です。起きてきた感情も思考も、それを体験したくて出しました。**地球という特殊マトリックスを選んだなら、それを回避する術は無いどころか、それがここへ来た大きな目的の一つなのです。では、まとめてください？

はい！　なんだか、腹話術みたいですね？

そう、プルシャの一人芝居です。受容する理由は二つあります。

✸愛される理由は受容される理由

1. すべてはプルシャが起こすことであり（全宇宙の自由意志であり）、**実際には存在すらしていない人間アバター側には、何も出来ない。**

2. 本当の自分である全能のプルシャが体験したくて起こした、**その瞬間におけるベストで最も楽しめる出来事が、出来事、感情、思考だから、変える必要は全くない。**

では、受容するとどうなるのでしょうか？　抵抗が無くなると、今まで踏んでいたアクセルとブレーキの両方を、同時に踏まなくなるため、今まで葛藤に使われていた全エネルギーが解放され、その結果適切なパラレルにスッ！　と飛んでゆきます。パラレル変換がたわいもなく起きる。もうお分かりですよね？　自由自在なパラレル移動には、「受容」がありさえすればよいのです。末期ガンの少女が、諦め切ったあげくに完治してしまったのも、それだったのでしょう。嫌だー！　良くない！　という抵抗が無くなったので、そのパラレルにとどまる理由が無くなったから。さあ、まとめましょう！　どうして、受容出来るのでしたっけ？　ちなみに、以下の思い方も抵抗ですよ。「あの人は、ああいう人だから！」。毎瞬変わる相手は同じ性格を、実は持っていません。あなたの抵抗でそう見えるだけなのです。

受容出来る訳は、プルシャがやっているからなのです。体験したい最良のことしか起きてはおらず、さらにアバターには抵抗が不可能なのですから（実際いないし）。仮に、あなたであるアバターの想念感情が、「ギャー！　ひでえ！　ふざけんな！　吉田の言うことなんか嘘だ！　信じらんねー！」とか言ったとしたら？

はい。その感情と思考までもが、「出来事」なのです。プルシャが体験したかった。すべては、宇宙の自由意志によって起きています。その自由意志とは、あなたが定めたものです。完璧に忘れてはいますが、すべては完璧です。すでに起きていることが証拠です。**あなたの本当の自由意志とは、今目の前で起きていることなのです。**

✵エモーションビークルを楽しもう！

感情も「乗り物」。さっきまでご機嫌だったのに、パートナーのちょっとしたひと言で気分は乱降下！　ってありませんか？　この時、多くの人は、大変なことが起きた、始まった！　と思います。しかし、現象学的に正確に言うと、**そういう感情が込み上げただけ。それを、実際に起きた問題と思い込む地球人の癖があるだけ**。もし、同じことを他の人が体験した場合、ベッツに～！　という反応をする可能性もあるのです。いずれにしても、人間は感情に弱いですね。それが、自分＝「私」の感情だと思うから。ところが、実態は？　そう、ただの「乗り物」なのです。さっきまで、乳母車だったのに、突然ジェットコースターになったらビビりますよね？　それが、感情の乱降下。でも、それだけです。乗り物を降りたら、平穏な歩きに戻るだけ。さすけない（会津で大丈夫という意味）！　**これから、感情、思考の乱降下に出会ったら、エモーションビークル（感情の乗り物）に乗り込みましたー！　と叫びましょう。お楽しみはそれからです。**美しい人とは、感情に翻弄される人ではありません。感情に

エモーションビークルを乗り回す美人！

・出来事 Vehicle
・ 肉体 Vehicle
・思考 Vehicle
・感情 Vehicle

※ Vehicle（ビークル）＝乗り物
※ビーグルではない

左右されない人でしょうか？　いえ、それどころか感情を楽しむ人です。アトラクションとして。毎瞬の遊び人、これほど美しく見える人は他にいません！　遠足に行ったガキンチョをも超えた、超人的に魅力的な存在です。

トータルモーメント
ビューティー

美は、瞬間にのみ訪れます。なぜなら、命自体が瞬間だから。その「今」の中に完全に住んでいる、澄んでいる人だけが、意識だけが、美を感じるのです。そして、その存在自体が美なのです。

美の基準なんてどこにある?

あなたが美しいか? 美しくないか? は誰が決めるんですか?

不変の基準はありません。数年前に五〇歳代の二人の女性をウクライナに連れてゆきました。ま、おばさんですね（失礼!）。ところが、初対面からハグされ、キスされていました。そして「日本女性がこんなに綺麗だったなんて!」と。文明に毒されていた私は、「またまた〜これだな?」、ヨイショと判断。そしてニコニコ聞きました。「どこがそう思う訳?」すると、一人のウクライナ男性が「小さくて、細い!」と。「小さいのが良いのか! それは良かったなあ、おばさん!」しかししかし、「足は、あんなに太いじゃないか?」と思いました。その後、ウクライナ人らを宮崎のシーガイアに連れて行った時、プールに登場した二〇歳の女性を見て、私は「だいぶ、ダブついてんな～！」と思いました。ところが、ウクライナの男性陣が一斉に発した言葉に、私は驚愕しました。「オー！　セクシー！」。私は、「これが、セクシーなのか？？？」。これから、日本で行き詰まった女性には、ウクライナが待っています。

また、タヒチではスリーサイズのそれぞれが約二〇〇cmという人も多く、それ以上痩せていると、病気ですか？　という雰囲気があります。ウクライナでもダメなら、タヒチですね！　かつての取引先の社長は、太った女性だけが好きで、どんな美貌で若い女性がいても、太ってなければ、見向きもしません。また、卑近な例で恐縮ですが、私が二〇代の時に惚れた女性は五〇歳で、自分の顔をホームベースと呼んでいました。さらに、先頃全くタイプではない女性を好きになったことがあります。あらゆる点がタイプではありませんでした。理由は、自分でも全く分かりません。こんな訳で、**美の基準も、好かれる基準も、人により、国により、文化、時代により全く異なります。仮に、現代日本に生まれてさえ、資生堂やポーラやSNSが教育した美の基準に沿わない好みが、無限に存在しているのです**。では、美しさを求める目的は何だったのでしょうか？

自分が見て気持ちが良いからですか？　美しければ、モテやすいから？　チヤホヤされたいから？　玉の輿に乗りやすいから？　高く評価してくれるから？　では、モテなくて、高く評価されなければ、美人でもダメなんですか？　または、美人なら何でも良いんですか？

クレオパトラ、楊貴妃、マリー・アントワネット、メアリー・スチュアートになりたいですか？　皆、ろくな死に方をしていませんね？　マリリン・モンローについては諸説ありますが。美人でも、毒で死んだり、斬首されたらダメですか？　それまでチヤホヤされたんだから良いでしょう？　やっぱり、ダメですか？　じゃ、幸せになれば良いんでしょうか？　逆に、美人でなくても、超幸せで、大満足の人生が良いですか？　超美人で不幸なのと、百人並みの器量で、超幸せではどっち？　半か丁か？　さー！　賭けたー！　賭けた！　どっちですか？

どっちもー！　それはズルいですよね。良いとこ取りですか？　美人で、魅力があってモテて、豊かで時によってエキサイティングなのが良いでしょうか？　そして、人生で起きることが輝いて、美しく、愛に満ちて感動的！　そんな人生でしょうか？
確かに、それは楽しいですね。さて、それらを創り出す条件は何でしょう？　両親のＤＮＡと過去生のカルマと星回りですか？　ぜんぜん違います。それらは因縁因果説の影響を受けた古いパラダイム。**すべてを創るのは、あなたの「観念」だけでしたね。その観念が、「すべて美しい世界」だったら、いったいどうなるでしょうか？　あなたの住む世界がそうなるのです。**

この世界には究極、主観しかありません。あなたの「観念」しか見えず、体験出来ません。宇宙全体が「観念」です。観念が分からない人は「わかんねん」または「バカンネン」（失礼！）。**宇宙には、目をつぶってください。宇宙は、今でも存在していません。あなた内部の「観念」を、ただ外に見ているだけなのです。**どうせそうだとしたら、あなた宇宙を単純に洗練させてはいかがでしょうか？　宇宙全体の美を取りに行くパラレルワールドセレクションはいかがですか？　あなた内部のアカシックレコードから、最高の部分だけを取りに行くのです。方法は？

シンプルなフォーカス。全次元のエクスタシーという選択はいかがですか？　このテーマの結論は、本の最後にやって来ます。その前に、次の内容を頑張って読めた方は、特別に、高級フランス料理のフルコースを食べていいですよ？　請求は、アカシックレコードのほうへ回しておいてください。

完全な軽さの提案

幸せな人、進化した人の特徴は何でしょうか？　囚われなく、明るく、軽い、です。この中で、特に軽い、が難しいみたいですね。地球自体が第三密度なので、何でも深刻になりやすいから。そこで、以下の二つにチャレンジしませんか？

1. 罪悪感が、一つも無いこと

2. 心配事が、一つも無いこと

1. 何か言い訳付けては、自己処罰が好きですよね？ 皆さん。仕事をこなせていない、子供を感情で叱ってしまう、家に貢献していないない、色々な意味で、人の期待に応えていないない etc. 漠然とした罪悪感もあります。**愛の反対語って何でしょうか？ 罪悪感だ、と言われています。憎しみではないのです。罪悪感が一ミリでもあったら、一人格を崩壊させることさえ出来るのです。一番悪い。**

2. は、とっても面白い現象ですが、心配しても、何一つメリットが無いのにやりますよね？ 心配して、そのために良くなったケースがありますか？ 例えば、心配してガン検診を受けまくった結果、ガンを発見します。理由は、フォーカスしたからです。ガンのあるパラレルを体験することになるでしょう。心配して先回りして備えることが、フォーカスを強くする。「抵抗」の理屈で、そのパラレル移動を引き起こすのです。

罪悪感には、原因がありません。過去に何か悪いことをやったから生じたのでもありません。ジャストナウのあなたが選んだアカシックのデータが、罪悪っぽいゲジゲジなやつだった、というだけ。趣味の問題です。だから不要。心配にも、意味がありません。必要だからその心配が起きたと思いたいでしょうが、実は根拠もありません。趣味です。今の一瞬に選んだデータが、シクシクする縮こまったデータなのです。だから、実現しないこと九〇%を越えています。あなたが選ばねばならない理由は何もありません。という訳で、罪悪感も心配も、全く存在しないデータを選んでくださいい？　いくらでもありますよ。価格も一個三〇円とお安くなっていますから、お見逃しなく！　さて、ダメ押ししましょう！　心配するのと、しないのと、結果はどちらが良くなりますか？

心配して良くなるんだったら、やれば？

したほうと答えるのは、一部の一般人。しないほうが良くなる、はスピ系の答え。では、正解は？

変わらない！　です。どちらを選んでも。なぜなら、別人二八号が体験するからです。何のことか？　覚えてますか？　今心配している人と、その結果を刈り取る人は、

心配効力ゼロ宇宙！

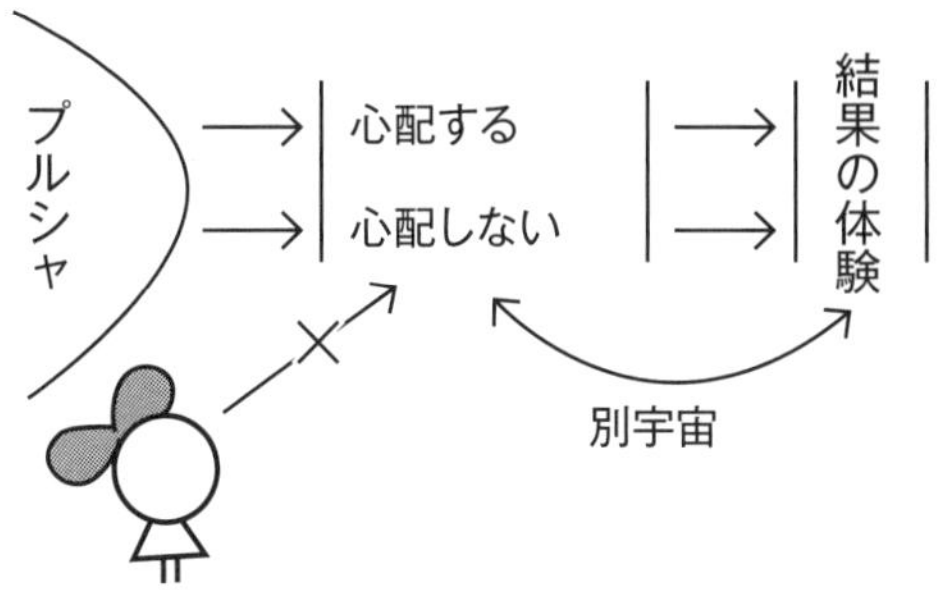

同じ人ですか？　違うんですよね。宇宙的視点では、毎瞬間、周波数が変わるたびに違う人になっています。と言うよりも、その瞬間に現れた周波数を体験しているだけなのです。宇宙（プルシャ）が遣わした体験を。体験者がいないのに、体験が。だから、今心配している人と、結果を刈り取る人は別人。もっと正確に言えば、心配時の体験とその結果の体験は、全く別枠で起きる。関連性が無い。因果関係が無いのです。もちろん、体験する人は、あなたではありません。これを知ったら、どうなるでしょうか？

心配するという行為は、ナンセンス過ぎて、よほどのバカでもない限りやらなくなるでしょう。何の違いも無いことを、頑張ってやるのは、変質者ですよね。

それでも、心配や罪悪感を感じてしまったらどうしますか？　これは、根拠や必要性があって、罪悪感を感じたのではないんでしたよね？　でも、感じちゃったので、やっぱり変なデータを選ぶ自分って、変態だよな〜！　などの、より複雑な罪悪感の変異株に育たせるのはまずいですね？　どうしましょうか？　はい！　そこには正確な理解が有効です。実は、プルシャが、その第一〇波の変異株罪悪感を体験したかったから現れたのでした。はい。良かった！　良かった！

神聖幾何学フラクタル、どの規模にでもなれるあなた

あなたはプルシャです。この世に出現して、存在になるためにテトラヒドロン（正四面体）構造を取りました。世界を創造する過程で、テトラヒドロンをどんどん増やしてゆきましたが、増殖結果もテトラヒドロンになっています。そう、フラクタル＝相似象ですね。一部の切り取り方で、マカバ、ベクトル平衡体、生命の樹、フラワーオブライフに見えたりします。この全体の外側にいるプルシャ、あなたは、そのいずれにでもフォーカス出来ます。小さなマカバなら一人の人間存在に、小規模のフラ

ワーオブライフなら地球に。大規模のそれなら大銀河に。どれかにフォーカスしたとたん、それ自身となりその体験をします。では、二つの銀河の重なった姿には体験出来ますか？　はい可能です。単体も、集合意識も可能です。集合意識と言ったって、「集合意識的な一つの観念」を見ているだけなので、ただのデータに違いない。小さいより大きいほうが良いとかの問題は無く、すべて等価な体験。すなわち、**プルシャであるあなたは、この全宇宙あらゆるファクターのどの部分でも、どの集合をも体験出来るのです。**いつにですか？

それは微妙です。同時とは、時間があると仮定しての話ですが、元々時間は無いので、同時という観念自体がナンセンス。じゃ、全部一緒くたに感じているのがプルシャでしょうか？　違うでしょう。あなたはプルシャですよ？　そのあなたは今、全部を感じていないのですから。全部に感づいている時もありますが、このジャストナウヒアーのあなたは感じていません。その両方がプルシャであり、あなたなのです。すなわち、無時間の中では、その両者を含んで、全部同時という言い方になりますが、周波数体験から見たら違います。

フリーインナーフォーカスで
周波数ズームアップ！

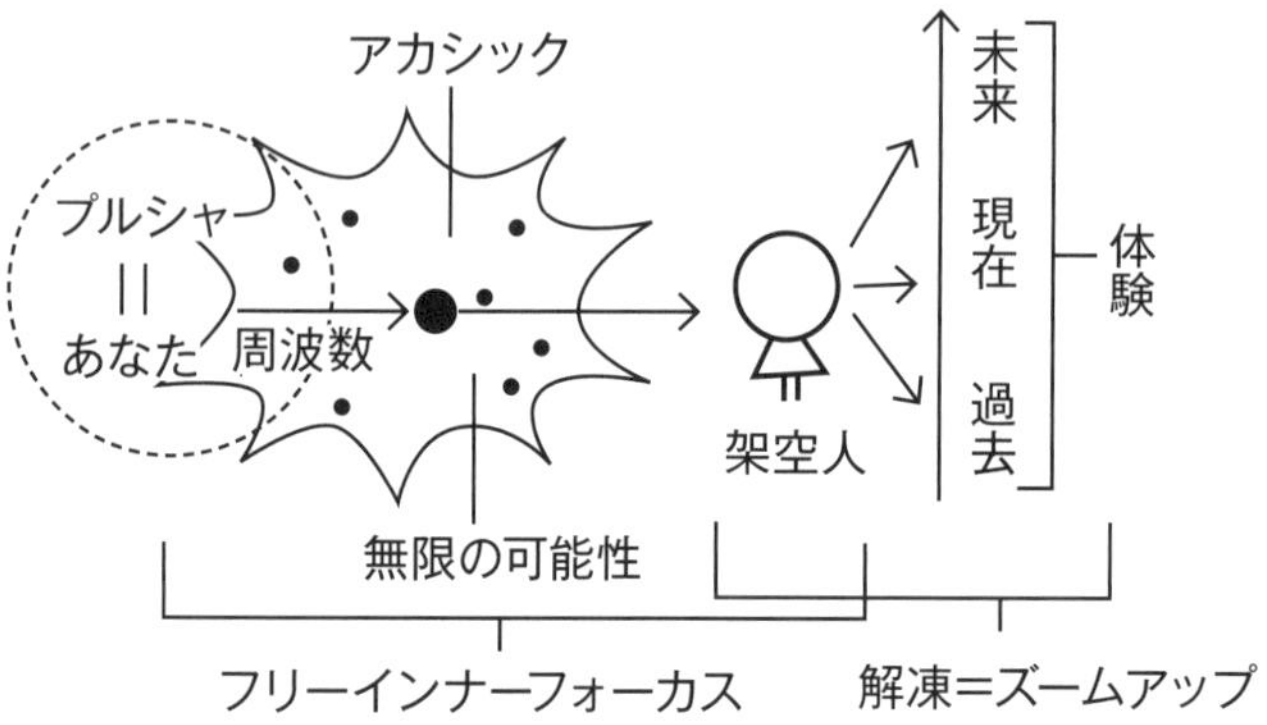

宇宙は体験です。体験は周波数です。女は海です。あなたは存在せず、体験が神です。**体験から見ると、周波数自体がそれぞれ異なった体験であり、各々を体験する時は他を排除しています。**ただし、二つ以上の体験を同時にすることも可能。プルシャがそこにフォーカスすれば。そして、それも一つの体験と名付ければ。結局、フォーカスされた体験しかあり得ないことになりますね？　これは、神聖幾何学を使った説明でしたが、宇宙体験、周波数体験、女は海体験は、やはりプルシャのアカシックへの、またはフラワーオブライフへのフリーインナーフォーカス（選択）だったのです。単純です。**アカシックは、プルシャ内部にあり、そこに無限に**

近いデータがあり、そのどれかに自由にフォーカスすると、その出来事と体験が出現する。それだけ。すべてを決めてたのは、僕のWILL（中島美嘉の歌）？　と言えばどう答えますか？

その僕が、プルシャならOK。アバターならノーです。僕はプルシャだったのです。**宇宙すべて、あなたの自由意志だけが出現しているのです。宇宙フォーカスのどの部分を、今あなたは体験しているか？　だけなのです**（この場合のあなたは、アバターの私。しかし実態はプルシャ）。プルシャは、結局すべてのすべてを体験しています。が、あなたと彼氏とトランプとケロヨンのそれぞれの体験を重要視した時、例えば、あなたの今日の今のここの体験にズームするので、個々の今のスペースだけ、ズーン！　ガー！　と広がって大きく感じられる。それだけです。他の体験も同様ですが、そこにフォーカスした時だけ、言い換えれば、**そのフォーカスがズームになった体験を、あなたの体験と呼んでいるのです。体験自体が拡大して出現した姿、それがあなたなのです。**体験とは神だったのです。だから、各々の体験が最高に美しいと言っているのです。それ以外は全く不要なのです。

結局、どっちにすんねん？

さあ、いい加減どっちにするか？　お決めください。今日を逃したら、宇宙全土というプレゼントは付かなくなりますから。「仮予約」は、研究所の製品では受け付けてますが、ここでは出来ません。さて、サービスで両者の違いを再確認しておきましょう！

プルシャのメリット

虚空から無限の観念宇宙を創り出す。すべてのすべて自分が望んだとおりに宇宙が起きる。愛の総体である。エクスタシーそのもの。光と宇宙を生んだ。神々と宇宙人のすべても。永遠の命で永遠の存在。死んだらすぐにプルシャになるので、すべて何の問題も無い。罪も穢れも無い。自由自在奔放以外が無い。宇宙のエネルギーの総体。すべての可能性を超えた可能性自体。何でもすべて楽しんでいる。すべてが遊びである。完全に解放されている。

「私」のメリット

慣れている。

以上です。はい！　どうぞどちらか選んでください？

オートマチックイベント
パラダイス!

宇宙とあなたの消滅も「中途半端やめて！」

プルシャは、虚空の海だと言いましたね。**大半の時、完全に消滅しています。そして観念を浮かべるとアトラクションに入ります。この消滅（完全ゼロ）とアトラクションの行ったり来たり、その呼吸がプルシャなのです。**消滅ゼロの時は、すべての仕事から解放された完全なバケーション。しかし、いい加減な休息では疲れが取れません。消え去る時は、完璧に消滅してください。ではどうやって？

かつて二〇世紀の大聖者ニサルガダッタが言ったI am that I am。悟っても、私は在るという感覚だけが残る、と人類は思っていたのですが、彼が亡くなる直前に突然、プルシャ「意識」はI amと思っていない、と言い出したので世界は震撼しました。実は、プルシャは、私がいるとすら思っていません。なぜなら、意識が生まれるには「対象物」が必要だからです。一極のプルシャが二極に分裂したため、「対象物」が見えて初めて意識が動いたのです。意識は「対象物」の結果です。したがって、分裂以前の不変の一極プルシャには、意識が無いのです。だから、私は在る、初めすべての意識はまがい物ですから、採用しないでください？　この、**完全に消滅することを、プルシャは一秒間に一〇〇万回起こしています。ただその合間の消滅していない一〇〇万回で疲れているのです。ワーカホリック！　だから、それら意識に向かって実は完全に消滅しているんだよ！　と言ってやりましょう。**

健康のため、こまめに死んでください！

通常、虚空の海をゼロ化していれば、全く疲れず楽チンです。どこにいても。自分と宇宙を完全にやめるのです。さて、人間が一番怖いのは死ですよね？　この宇宙理論では、死はどうなるのでしょうか？

死＝虚空の海に戻ることは、毎晩やっていて問題無し、です。就寝前、意識が無くなる瞬間、あなたの「私」はいなくなり、プルシャに戻ります。そして、朝方目覚ましがジリジリ鳴って目覚めたとたん、「私」であるあなたが戻ってきます。まあ、本当は前のあなたとは違うのですが、大した問題ではありません。毎晩死んでいるのです。カパ系の人などは、昼間でも死んでるくらいですから（昼寝）。そして、前記のとおり、実際は一秒間に一〇〇万回死んでいます。一瞬ごとにプルシャに舞い戻ってやり直し、あなたに入って再生し、を繰り返して。そう、**あなたはもう死ぬことにかけては、掛け値無しのプロなのです。何の努力も無く、いつでもどこでも死ねる！という達人なんです**。死んでいるのに、死なないなどと嘘ばかり言っているとストレスになるから、病気になりますよ！　どうぞ、「健康のため、こまめに死んでください！」。

恋の季節と消滅の季節

「さあ！　眠りなさい！　疲れ切った体を投げ出して！」と言われてしまうほど大変な時、すなわち存在している時は、消滅すること、虚空の海がエターナルピース（永遠の平和）。ゼロに恋するのです。でも、虚空の海から一歩も動かなかったら、それは退屈で、青春の海へ飛び込みたくなりますよね！「君も今日からは僕らの仲間！」と言われたいですよね？　そう、宇宙に存在を始めることとは、至福なのです。だから、プルシャは観念を使って、宇宙や「私」を呼び起こし、宇宙体験に漕ぎ出します。それが、恋の季節！　プルシャは、観念宇宙に恋するのです。しかし、次には「疲れ切った体を投げ出して……」とゼロに戻り、延々と恋の循環が繰り返されるのです！　この楽しみは永遠に終わりません。これを、**「バケーションーアトラクション・ユニバース」と言います。**

オートマチック・インナーフォーカスが自由

あなたが何を体験するか？　はあなたのインナーフォーカスで決まるのでしたね？　あなたは本当はいませんから、プルシャのフォーカスです。と言うことは、**フォーカスは勝手に起きるのです。フリーインナーフォーカスがオートマチックに現れる。**それだけに任せること。プルシャである自分が創り上げている未知なる生起。そのままに任せることが自由なのです。逆に、それに抗うことは、不可能であるばかりでなく、

バケーション ⇄ アトラクション Universe

「抵抗」を生み出し、不幸に陥ります。自由自体がとうとうと流れてゆくのに、取るに足りない竿で抗うから。「私」という幻想が、何の問題も無い現実に、自分勝手な都合でノー！　と言うからですが、結果は苦しいだけ。実は、宇宙は何一つ間違いません。最も魅力的で面白いことが起こり続けているのです。**一瞬先さえ予想出来ない未来に、未知なる生起が勝手に起こってくるままを、「自由」と言います。それは、あなたの自由意志などというイリュージョンではなく、「自由意志が自由意志をやっている！」という自由なのです。「宇宙自体が自由意志」だったのです。**

宗教の究極「全托」は済んでいる？

あなたのもとにやって来る感情、思考、出来事は誰が起こすのでしたか？　プルシャですよね？　感情思考は、いつやって来ますか？　〇・二秒前でしたね？　と言うことは、すべて〇・二秒前に決まっているということですね？　はい！　キーワードは、先回り。何が？　全宇宙で起きるすべての事象がです。では、受容は？

起きていない瞬間が無いのです。一瞬も。どこの宇宙でも。「いや！　俺は一人でも頑張るぞ！　絶対受容なんかするもんか！」とあなたが言ったとしましょう。何が起きていますか？　そう、プルシャが「絶対受容なんかするものか！」と思わせ、言わせたのです。なかなかやりますよね？　プルシャシステムは。え？　と言うことは、すべては受容されている、すべて受容済みだ！　ということでしょうか？

残念ながら（残念じゃないが）イエス！　あなたは、すでに死んでいる！　じゃなくて、すでに完全に受容状態。ただあなたの観念だけが、受容している訳が無い、と思い込んでいるので不幸なのです。宗教の奥義＝「全托」は「受容」と同じ。

すなわち、**全托は宇宙の初めから済んでいたのです。**

オートマチックイベントパラダイス

プルシャ内部のアカシックデータの物質化、または体験化、である宇宙人とのコンタクトが迫っています。一部ではとうに体験済みですが。プレアデス星人があなたの玄関でピンポン！　ってやった時、あなたが「どなたですか？」と聞いたら何と答えるでしょうか？

「プレアア」で～す！　でしょうか？　あなたが、吉本の関係者ならあり得ます。宇宙人は、あなた方の十分な調査を経て地球に来るからです。最初は、外見が地球人にそっくりなプレアデス人などが選ばれる可能性があります。この地球に元々住んでいた兄分だから。彼らの遺伝子で我々の心身が構成されているようです。接待も色々考えましたが、うちの近くでは六本木辺りかな？　と。でも、うっかり赤提灯なんかに連れてったら、死んでしまうかもしれません。日本酒の分解酵素が、プレアデス人にあるのか？　分からないので。ま、そんな訳で、これから色々起きますよ！　でも、いったい誰がこれらすべてを起こすんでしょうね？

もうお分かりですよね！　この本で一番有名なキャラクターです。そう、もちろん「私」です。じゃなくて、プルシャですよね。プルシャが浮かべた観念に従って、あなたを使い、プレアデス人を使い、赤提灯の親爺を使い、銀河連合を使って、酒を飲ませるでしょう。**この宇宙はすべて「オートマチックイベントパラダイス」なのです。**

美しく生きると長寿達成？

現在、平均寿命世界一は日本人。約九〇〇〇〇人が一〇〇歳を越えて生きています。大半は女性ですが。彼女らの共通点には、注目すべきものがあります。それは、**「色々あったけれど、すべてそれで良かった！」と思っている点。**凄いですよね？人生の達人として一番説得力がある最長寿の彼らの言葉は、無視出来ませんよね？一〇〇歳以下の我々は、色々あったけれど、良くねーこともあったよな！　とか、青

100歳以上は語る！

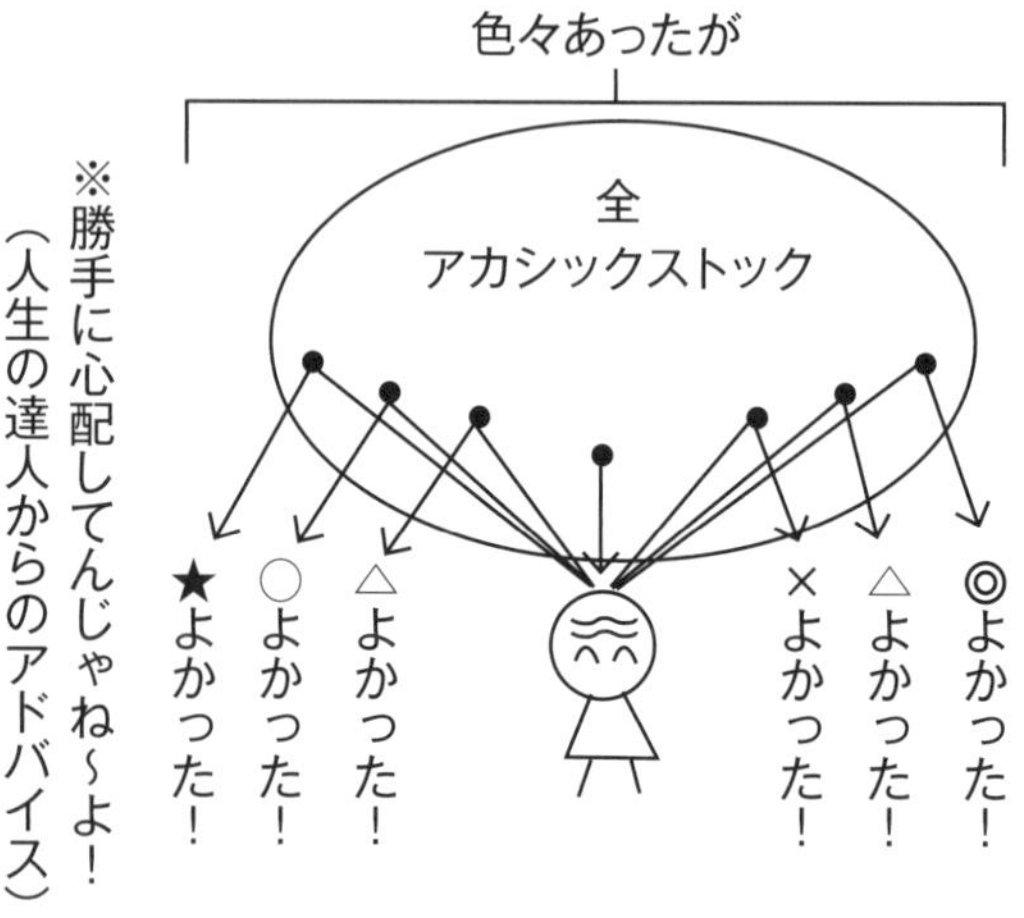
色々あったが
全
アカシックストック
◎よかった！
△よかった！
×よかった！
△よかった！
○よかった！
★よかった！
※勝手に心配してんじゃね～よ！
（人生の達人からのアドバイス）

二才的なことをほざいてますが、参考になりません。大先輩たちの意見は違うのです。さて、ここから何が分かるでしょうか？

一〇〇年生きると、どうせそう思うようになる。ならば、一〇〇年待たないで今の今、そう思うことは出来ないのか？と言う。いついかなる時も、上司にしこたま叱られている時も、パートナーと別れ話が出ている時も、知らないうちにウエストが一〇ｃｍ増えていた時も、一見ヤバそうですが、心だけは「色々あったけれど、すべてそれで良かった！」と思うのです。その波動で過ごすのです。どうせ、後でそうなるのですから。先んじて、思ってください。そうすると、まずコミュニケーションが楽になるでしょう。いちいち相手の言動に囚われなくなります。**一見、険悪になっても、どうせ必ず良くなるんだとしたら、そのプロセス自体も何が問題なのでしょうか？　どうせ良かった、となるのですから。**しかし、実際は過去も未来も無いんですよね？　だったら、「色々あったけど」は、ちょっとおかしいんじゃないですか？

はい、そうですね。実際、時間は無いのだから、色々あったけど、色々あるが、色々あるだろうが、はすべて同時に起きています。ということは、**アカシックレコード**にあるすべての選択可能なファクター（要素）のすべてが、「すべてそれで良かった！」ということではありませんか？

そうなのです！　**アカシックのデータすべての性質が、「すべてそれで良かった！」なのです。どのデータをあなたが選んでも、それで良いのです。すべて、済んじゃってるのです。良し悪しが無いだけじゃなく、選択する必要すら無く、オートマチックに事は運ばれ、何も問題ありません。**「すべてそれで良かった！」と言って楽しむだ

けなのです。あなたの本当の姿は、ただただ楽しむ生命。いえ「楽しみ自体」なので
す。プルシャの自由意志が現した自由意志の結果を、自由意志として楽しむだけなの
です！　全宇宙現象として。そうなった時、あなたの「私」はどこにもいなかった、
と知るでしょう！

面倒くさいから毎瞬の
全宇宙にしといて！　美よ

理由付けランキング発表！「なぜ美しくなりたいの？」

超超初級：化粧品メーカーやダイエット産業が言うから、間違い無い。

超初級：それって常識で当たり前じゃん！　とだけ考えている。

初級：人の評価を気にし、チヤホヤされたく、モテたく、人生を優位に渡り歩きたいから。

中級：自分のみならず、周囲すべてを美しくして、すべてを美の中で過ごしたいから。

上級：すべて、自分の観念が創っている宇宙すべてを美しくするのは、究極の至福と知っているから。

超超初級も決して悪くはありません。原価の数百倍の価格で売っている、肌トラブルを作りやすい製品をせっせと買い込み、その業界の儲《もう》けにきちんと貢献しているからです。でも、その美しさは幻想です。科学的に見ても、良い結果は出そうにありません。一方、上級は？

実は、問題もあるんです。そんな美を創ってしまうと、今まで慣れ親しんだ、いくら頑張ってもスリーサイズの違いがほとんど無い！　とか、綺麗にはなったようだが、心がすさんだままで、人間関係が破綻したり、病気になったり、破産したり……が全く出来なくなってしまうからです。そもそも、**あなたの外見が美しいかどうか？　は誰がどう決めるのでしたっけ？**

究極的には、あなたの観念。実際はプルシャが浮かべた観念です。観念を浮かべたとたんに、そのパラレルに移動し、瞬時にその体験をします。それは毎瞬起きていますす。例えば、どんな？

◉美人度ランキング発表！

超初級：ブス！　という揺るがぬ観念。

初級：外見は、自分が綺麗と思えばマー！　綺麗なんだから、他からどう見られるかは別として、自分では満足する気だ。しかし、その他の人生が美しいとは決して言えない人生、という観念。

中級：自他共に認める美人、またはハンサム。だが、他には問題山積でも、マー！しゃーないか？という観念。

上級：唯一自分だけが創造し、その結果観て生きる世界全体が美しい。だから、当然自分自身も、問題無く美しい。それに付随して、または関係無く起きる人生と、宇宙現象のすべてが美しい！という観念。

ま、ひと言で言えば、**宇宙すべてが美しい！という観念。それが可能です。中途半端はやめてください？** 私が小学生の頃、間違えて買って来たレコードの曲名が、青江三奈の「中途半端、やめて！」でした。かなりキワドイ曲でしたが、今でも実家に保存されています。それでも分かるように（笑）、中途半端はダメなのです。では、観念の違いはどうして分かるのでしょうか？

そう、**周波数の違い、すなわち「フィーリングの違い」で分かります**。例えば、超初級が重いのは言うまでもありませんが、仮に中級でさえ、何がしかの深刻さ、重さが付きまとっていますね？　いけません。でも、多くの地球人は、それが定常状態になっていて、マー！　こんなもんだべ！　と考えるのです（特に茨城付近）。比べて上級ではどうでしょう？　重さのカケラもありません。明るくて軽く、そして囚われも無いようです。どうしてもこの幸せは手放さないぞ！　とかって言うのは、執着ですよね？　自分がそれに値しない、いつか必ず失われてゆく！　という観念があるのです。だから、真剣になってイメージングやアファメーションしたりします。が、不要です。ただのフォーカスで良いんですから。**頑張ること自体、自分が「私」「やり手」であることを、まだ信じ込んでいる証拠。これでは、アカシックからのデータの選択（周波数共鳴＝リゾネート）がうまくいきません。**「私」がいると、より良いものは入手が難しい、とか頑張らねば手に入らない、など石器時代の観念が働くので、シンプルに幸せデータにシフトしなくなります。頑張る必要は皆無。なぜなら、どうせ毎瞬パラレルは飛ぶから。どうせ、異なるパラレルに飛ぶのです。どうせそうなら、単純にAじゃなくてBを選ぶだけ、それだけ。このフリーインナーフォーカスは、あなたでなくプルシャが起こすんでしたよね？

違います！　あなたがプルシャです。しかしあなたの「私」が「やり手」だと思っているうちは、プルシャの自由自在性を感じることすら出来ません。美しくなり、美しく生きたいなら、もう躊躇無く、中途半端やめて！「人生全体、宇宙全体の完全なる美」という観念を採用しましょう！　そうすれば、かつて外見の美から得られると予想したよりはるかに魅惑的なトータルビューティーを体験します。あなたの人生自体が、宇宙全体が途切れ無く美しい体験となるのです。かつて無い美の導入を選び抜いてください！

あなたとは自動的に出現してくる絶対の体験！

どんな体験が毎瞬、出現して来るのか？　それが、プルシャのプレゼントであり、遊びです。**出現する体験を楽しんでください！　あなたに、それ以外の仕事はありません。プルシャは、やりたくなることを通じて、あなたにそれを示します。あなたが**

いないので、無限の軽さだけがあり、体験こそが神であり、ベストの体験だけが毎瞬間違い無くやって来る。その絶対的な美が、あなたという宇宙なのです！

他人の目が一つも無い宇宙で、何を体験したいのか？

あなたの誕生秘話は？

まず、宇宙唯一の生命であるプルシャが体験したいと考え、視線ベクトルを投げると、その先に点が現れました。**点は存在ではないので回転して存在に化けました。このスピンが生み出した球体は内と外を生み出し、その内側が「私」じゃねーのか？と思い込み、あなたになりました。**存在は、スピンの結果周波数を持ったものです。この図式は、量子力学のコペンハーゲン解釈の電子の発生と被ります。観察で出現した電子は回転して、水素という元素物質を生み出し、それが集合変換してすべての物質を作ります。無かったものが、在るものに見えて来るのです。

回転内部の幻想に過ぎないあなたは存在していないので、誰もあなたを見ていませ

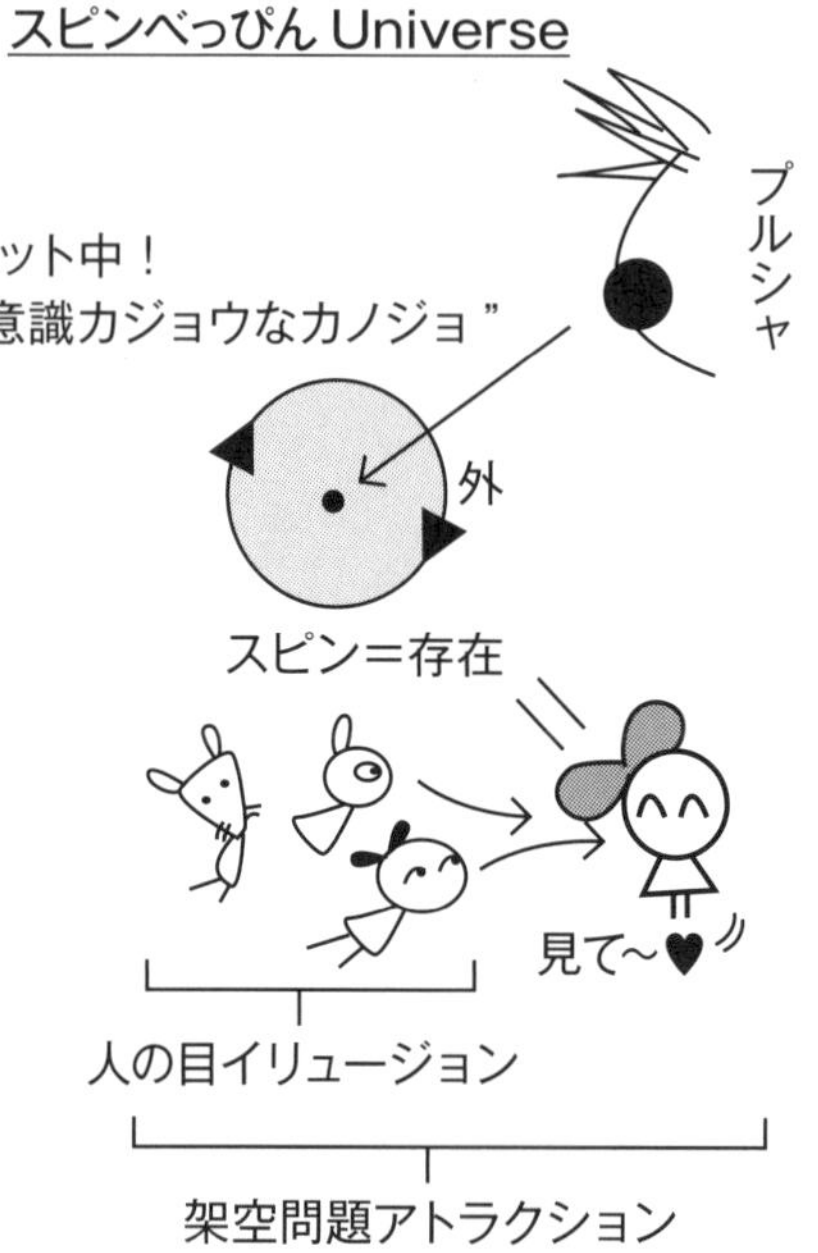

ん。一方、あなたを見ると思っていた相手は、前記の電子の回転で出来ている幻想だから、非存在。言い換えれば、あなたの観念の一部をその人と見ていただけなのです。あなたを評価する相手は実はいないのです。**いない人をいない人が見ている、と思い込むアトラクションだったのです。見る人も見られる人も存在しません。だから、人の目を気にする人は幻想に生きているのです。**

あなたの実態は純粋に「体験」であり、あなた（プルシャ）の

「観念」があなたの全宇宙を一〇〇%創り出す。したがって、あなたの「観念」以外にあなたの宇宙は無い。そして、万能であるプルシャ（あなた）は、いかなる「体験」でも創り出せるのです。これを聞いて、もしあなたが最高の幸せを選びたくなったらば、それは、それはプルシャがそうしたいからです（あなたはいませんから）。**躊躇無く、自由意志を行使してください。それは、あなたの自由意志ではなく、自由意志自体が自由意志を行使する宇宙現象なのです！**

対談 吉田所長 vs. ジョウスター

パラレルジャンプの秘密

ジョウスターさん

僕のYouTuberとしての活動も世界線も、実はすべてが、僕創作の体験だったのですね。二年前初めて吉田所長にお会いした時、ヒーリングウェーブやテスラジェネレーターなどの凄い周波数の製品を知った訳ですが、その時、ウクライナとロシアの問題についての吉田所長の話に僕はビビッ！　と来ました。もちろん、今僕自身も使っていて思うのは、周波数を含めたたくさんの技術が六〇〇〇あるらしいのですが、ヒーリングウェーブにもまだまだたくさんの凄い周波数が、これから投入されて来ます。デプリケーションのように、量子の技術で形をプリントアウトするものも出来るそうなんですが、皆さんの服が好きにデザイン出来るように、思考も感情も自由に体験出来るということなんでしょうか？

吉田所長

思考と感情が、瞬間芸で形になることが出来る！　という理論から来ています。エーテル界がこの三次元になっちゃうようなこと。3次元が進化して五次元になるというのは、ここがエーテル界になるということで、思ったことが即実現することになる。ごまかしも効かない世界になるし、肉体も自分の思ったとおりに実現してしまう。だから、デプリケーションは、宇宙的にはすでに最初からありました。例えば金星では、技術的に物質化出来るから瞬間で出現させていました。物質というのは、周波数が凍っただけ。周波数というのは、元々心の波でただの観念だから、皆さんがカレーとちらっと思うと、カレーが出現する。ということなんです。

ジョウスターさん

それは、かなりヤバイですね！

例えば、今僕が使っている吉田統合研究所の「モットパワフル」や、僕の販売している「新地球アルスの鍵」は、不要でネガティブなエネルギーの影響を受けずに肉体やオーラを太陽や宇宙エネルギーと共振していく、というグッズですが、今、シューマン共振のおかげもあって、地球のエネルギーがライトになってきていて、5Gや重金属など、様々な影響でダメージを受けていた人たちのオーラフィールドが、軽やかになっていますし、皆さんこれから、三次元と五次元の統合ということになると、体重が軽くなったり、気持も軽くなったりすると思うのですが、この肉体やオーラと、様々な周波数共振のシンクロの未来予想図を、どう思われますか？

吉田所長

今、風の時代と言われているけれど、新しい時代というのは、重さが無い。軽くなる。エーテル界には重さが一切無いから。**素敵だな！　と思う人の特徴は、重さが無い、囚われが無い、明るい、そして軽い！**　この軽いが、難しいんだけどね（笑）。そういう状態になれば、自由自在に飛べる。どこにでも、どの次元にでも、今、一瞬にして。男性だったのが性別を超えた存在になる、とか。地球人だったのが、宇宙人になる、とか。全部自分の周波数で決まります。

今、ジョウスターさんがおっしゃった周波数とシンクロするということは、プルシャの状態に近づく、と言うことなんです。これは、二〇歳の頃からずっと言い続けて来て、変な奴だと言われていたんですがね（笑）。

「やりたい時に、やりたいことをやる、動きの自由」。これが幸せな人の定義。それ

ジョウスターさんと吉田所長

が無ければ、いくらお金や美貌があっても、ちっとも幸せじゃないんですね。ジョースターさんも、実現していますよね！　それを、率先してやったほうが良いんです。万一、どうしてもやらねばならないことは、遊びに変えて楽しんでやる。どうやったら楽しめるか？　日本人は、その能力に長けています。

ジョウスターさん

すごく、パラレルジャンプを飛躍的にしたい！　と言う人が多いと思うんですが、どうしたらいいですか？

吉田所長

全部預けてしまうこと。プルシャに対して受容することでしょうね。どうせプルシャしかやっていないのだから、任せ切る。**心配事は、心配してもしなくても、結果は変わらない。**この先もすべてプルシャが決めることだから……。

ジョウスターさん

だいぶ皆さん、軽やかになって来ていますね！　まさに、これからだと思うんですが、よくサイキックアタックとかの話も以前はよく聞きましたが、これすら以前より軽くなって来ていますね？

吉田所長

はい、サイキックアタックというのも、自分の観念が作り出した世界。エンパスのほうだけでなく、皆そういうことを信じるように生まれてるから、初期設定なんで、プルシャがそこを体験して楽しんでる。**問題がある相手を、たった一秒間に一〇〇万回鏡のように反射して、あたかも相手の影響を受けているように見える世界を、一秒で創ってしまう。しかし、実際は相手から来ている訳じゃなく、すべて自分が決めたこ**

としか起きていません。だから、楽しみ終わったら、その観念をやめて別世界を創造すれば良いのです。

ジョウスターさん

僕は、宇宙愛と繋がっていますから、もしサイキックアタックが来ても、おっきな愛で返しますよ！！　笑笑

自由と美に超越する！

ジョウスターさん

最後に、皆さん、これから色んなものを超越して、若さとか美とか、欲しいですよね？　どう超越した所に行けば良いのか？　聞きたいと思うのですが？

吉田所長

私が好きなのは、**「インフレーション宇宙論」を超えた「バケーション宇宙論」。完全に遊び、バケーションのモードに入ることです。私は毎日が祭日！　というのが好**

き！ その周波数を持っていると、ゼロポイントに戻りやすいのです。遊んでいる時って抵抗が無く、ひっかかりも無い。そうすると重いパラレルには行かない。自由自在に遊んでいるとプルシャの状態に近いから。宇宙から見たら、すべては遊びであって、何があっても最後プルシャになった時、「ホント何も達成出来なかった、ウダツの上がらない遊びって、本当にステキですよねー！」みたいになる訳。すべては軽く、遊びに過ぎません！ すべては、アトラクションです。**何も抵抗せず、赤ちゃんのように朝から晩まで遊びまくっていると、パラレルワールドは勝手に飛んでしまうので、何も考える必要も無いのです。**実現している人は、一瞬描いたら、はい！終わり。毎瞬間面白いことを選ぶだけ。それは、プルシャが選び終わったことを楽しむだけ。今の瞬間がどれだけ楽しいかに、フォーカスしている。頑張って創るのではなく、一秒で創る。そして、起きて来る。今の瞬間以外、我々に与えられた時間は無いですから。今を楽しむ能力がある人が一番偉い！ しかも、無条件で楽しんでいる人が、ですね。宇宙人たちは、自分たちの外見に一〇〇%満足しているが、地球人は、色々なトリックや洗脳にひっかかってるって。どんなに太っていても痩せていても悪くないが、それが悪いと思った瞬間、そこにフォーカスして、その状態にとどまるだけなのです。問題無いのです。

ジョウスター

これからますます軽くなって行きますから、自分も他人にも、悪い状態にとどまらないというのが大事だと思います。軽くやっていきたいですね！

吉田所長

そのとおりですね！ そして、仮にはまっちゃったとしても、それがいったい何だというのでしょう？ **縮こまるのも、解放するのも、静寂に憩うのも、切羽詰まるのも、エクスタシーであるのも、すべて宇宙が提供する、宇宙アトラクションなのです。プルシャが体験したいことが、何も無い究極のバケーションから、アトラクション宇宙として永遠に出現し続けます。**何の間違いも無い宇宙とジョウスターさんに、改めて感謝します！

アセンションビューティー
20代でなく60代で初めてナンパされる理由

令和6年2月10日　初版発行

著　者　吉田一敏
発行人　蟹江幹彦
発行所　株式会社　青林堂
〒150-0002　東京都渋谷区渋谷3-7-6
電話　03-5468-7769
装　幀　TSTJ.inc
印刷所　中央精版印刷株式会社

Printed in Japan

ISBN978-4-7926-0756-2

超越パラレルワールド

吉田一敏

この世界には平行世界がある！
今、自分がいる世界とは別に選択可能な別世界、別人生が存在する。

定価2000円（税抜）

真★日本神話
ウチら最強！

あおみ えり

真実追求系Youtuber+ラッパーにして言霊プリンセスのあおみえり！
今日もたくさんの洗脳や支配が日本に降り注いでいます。

定価1400円（税抜）

パンドラの箱は
開いてしまいました

あおみ えり

わたし達の目醒めの時が来たのです！
ジョウスターとの特別対談を収録！
もう市民の覚醒は止まりません。

定価1650円（税抜）

日本大北斗七星伝説

保江邦夫

神様のお告げにより、日本全国を巡って、結界を張り直す儀式を行いました。
日本を守るため、与えられた使命をこなすため、保江邦夫の神事は続く。

定価1600円（税抜）

僕が神様に愛されることを厭わなくなったワケ

保江邦夫

なぜこの僕に、ここまで愛をお与えになるのか。イエス・キリストからハトホル神、吉備真備、安倍晴明まで、次々と現われては、お願い事を託されてしまった！

定価1400円（税抜）

日本武人史

小名木善行

日本をかっこよく！
古来より武術が連綿として受け継がれ、日々鍛錬にいそしみ、その武力のおかげで日本は植民地化をまぬがれた。

定価1600円（税抜）

先祖供養で運勢アップ！

林雄介

親ガチャ・子ガチャもあなたの前世の結果！繁栄する家族はご先祖に感謝している。幸せになりたければ本を読もう！

定価1600円（税抜）

ホツマツタヱによる古代史の謎解き

長堀優
いときょう

ホツマツタヱ研究の第一人者いときょうが、育成会横浜病院院長の長堀優と古代日本の謎を解く。縄文時代には文字だけではなく、国家も存在していた。

定価1800円（税抜）

宇宙語マスターになると人生はうまくいく
愛と光のライトランゲージ

光ファミリー

高次元なコトバで伝える!
宇宙語を学べば人生はだいたいうまくいく‼

定価1600円（税抜）

あなたもなれるライト・スピリチュアリスト入門

林雄介

読むだけで、幸運になれる奇跡の本。
世界一簡単な開運スピリチュアル入門書!

定価1600円（税抜）

大幸運

林雄介

この本を読み、実践すれば誰でも幸運に包まれる! 林雄介の『大開運』につづく第2弾。生霊を取り祓い、強い守護霊をつければ誰でも幸運になれる、その実践方法を実際に伝授。

定価1700円（税抜）

宇宙人革命

竹本良

古代人の神とは宇宙人だった‼
地球は50数種類の宇宙人であふれている⁉
元FBI特別捜査官ジョン・デソーザとの特別対談を収録!

定価1600円（税抜）

"五芒星" 封印解除と "魔除け" 再起動

松久正

近畿地方の五芒星に隠された秘密!
松久正による大宇宙大和神パワーが込められた真天照大御神札付き!

定価2880円(税抜)

神様ホエさせてください

保江邦夫

神様のお使いで日本中を駆け巡る保江邦夫のメルマガ「ほえマガ」から不思議な話を厳選!

定価1600円(税抜)

令和版 みんな誰もが神様だった

並木良和

日々をていねいに生きることが大切
「目醒めること」を広めた原点の改訂版
東京大学名誉教授 矢作直樹との特別対談を令和にあわせて大幅改編!

定価1800円(税抜)

一寸先は光です 風の時代の生き方へ

はせくらみゆき

この変容の時代を、心穏やかに喜びの中で生きるためのヒントを書き綴りました。

定価1600円(税抜)